APOSTE em VOCÊ

Angie Morgan e Courtney Lynch

APOSTE em VOCÊ

COMO ASSUMIR RISCOS E VENCER

Rio de Janeiro, 2023

Aposte em Você

Copyright © 2023 ALAÚDE. Alaúde é uma editora do Grupo Editorial Alta Books
(STARLIN ALTA EDITORA E CONSULTORIA LTDA.)
Copyright © 2022 ANGIE MORGAN E COURTNEY LYNCH.
ISBN: 978-85-7881-664-3.

Translated from original Bet On You. Copyright © 2022 by Angie Morgan and Courtney Lynch. ISBN 978-1-4002-2979-6. This translation is published and sold by Harper Horizon, an imprint of HarperCollins Focus LLCI, the owner of all rights to publish and sell the same. PORTUGUESE language edition published by Alaúde, Copyright © 2023 by STARLIN ALTA EDITORA E CONSULTORIA LTDA.

Impresso no Brasil — 1ª Edição, 2023 — Edição revisada conforme o Acordo Ortográfico da Língua Portuguesa de 2009.

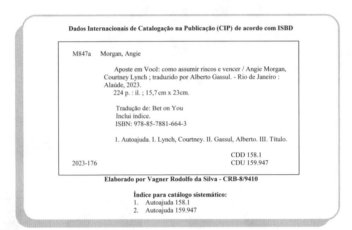

Todos os direitos estão reservados e protegidos por Lei. Nenhuma parte deste livro, sem autorização prévia por escrito da editora, poderá ser reproduzida ou transmitida. A violação dos Direitos Autorais é crime estabelecido na Lei nº 9.610/98 e com punição de acordo com o artigo 184 do Código Penal.

O conteúdo desta obra fora formulado exclusivamente pelo(s) autor(es).

Marcas Registradas: Todos os termos mencionados e reconhecidos como Marca Registrada e/ou Comercial são de responsabilidade de seus proprietários. A editora informa não estar associada a nenhum produto e/ou fornecedor apresentado no livro.

Material de apoio e erratas: Se parte integrante da obra e/ou por real necessidade, no site da editora o leitor encontrará os materiais de apoio (download), errata e/ou quaisquer outros conteúdos aplicáveis à obra. Acesse o site www.altabooks.com.br e procure pelo título do livro desejado para ter acesso ao conteúdo..

Suporte Técnico: A obra é comercializada na forma em que está, sem direito a suporte técnico ou orientação pessoal/exclusiva ao leitor.

A editora não se responsabiliza pela manutenção, atualização e idioma dos sites, programas, materiais complementares ou similares referidos pelos autores nesta obra.

Produção Editorial: Grupo Editorial Alta Books
Diretor Editorial: Anderson Vieira
Editor da Obra: Ibraíma Tavares
Vendas Governamentais: Cristiane Mutũs
Gerência Comercial: Claudio Lima
Gerência Marketing: Andréa Guatiello
Assistente Editorial: Caroline David
Tradução: Alberto Gassul Streicher
Copidesque: Renan Amorim
Revisão: Alessandro Thomé, Evelyn Diniz
Diagramação: Joyce Matos
Capa: Cesar Godoy

Rua Viúva Cláudio, 291 — Bairro Industrial do Jacaré
CEP: 20.970-031 — Rio de Janeiro (RJ)
Tels.: (21) 3278-8069 / 3278-8419
www.altabooks.com.br — altabooks@altabooks.com.br
Ouvidoria: ouvidoria@altabooks.com.br

Editora afiliada à:

Para Ed, Judge e Gardner. Que os riscos que encaramos juntos continuem a parecer aventuras maravilhosas.
ANGIE

Para Jaime e Tracie. Vocês têm tudo de que precisam para apostar em si mesmos.
COURTNEY

SOBRE AS AUTORAS

Angie Morgan e Courtney Lynch se conheceram no Corpo de Fuzileiros Navais dos EUA e, desde então, vêm aplicando as lições aprendidas sobre liderança em seu trabalho como consultoras na Lead Star e em seus livros: *SPARK*, o best-seller do *New York Times*, e *Leading From the Front*.

ANGIE MORGAN

Angie é uma líder dinâmica e criativa que sabe desbloquear a capacidade e o talento de líderes de todos os níveis. Sua natureza competitiva e sua motivação para vencer aparecem em cada engajamento com os clientes à medida que inspira os outros a serem seu melhor. Ela tem bacharelado e MBA pela Universidade de Michigan. Angie é uma atleta ávida e mãe de dois meninos, e o que mais gosta de fazer é andar de bicicleta em sua cidade natal, Traverse City, Michigan.

COURTNEY LYNCH

Courtney é uma pensadora que vê o panorama geral e cuja missão de vida é ajudar pessoas a se tornarem os melhores líderes que conhecem. Os clientes a procuram em busca de conselhos para o "aqui e agora" e para obter a profundidade das experiências do mundo real. Ela tem bacharelado pela Universidade Estadual da Carolina do Norte e doutorado em direito pela Faculdade de William & Mary. Suas paixões são esquiar, ler e passar tempo com seus três filhos e com seu marido, Patrick.

SUMÁRIO

Introdução
1

**SEÇÃO UM:
REPENSANDO O RISCO**

Capítulo Um: Reimaginando o risco
13

Capítulo Dois: Se não você, então quem?
31

**SEÇÃO DOIS:
DEFININDO O SUCESSO E FAZENDO O TRABALHO**

Capítulo Três: Sonhe. Aproprie-se de seus sonhos. Aja.
55

Capítulo Quatro: Escolha seus guias
73

Capítulo Cinco: Faça o trabalho
95

SUMÁRIO

SEÇÃO TRÊS:
PERMANECENDO SEGURO E RECONHECENDO AS VITÓRIAS

Capítulo Seis: Crie seu colete salva-vidas
117

Capítulo Sete: Saiba quando está vencendo
133

Capítulo Oito: Planeje-se para os medos e os fracassos
151

Conclusão
171

Notas
175

Índice
179

INTRODUÇÃO

O PARADOXO DO NÃO SE ARRISCAR

Somos ensinados, desde pequenos, a permanecer no caminho seguro. Desde os primeiros momentos de nossa vida, calibramos nossos comportamentos com "nãos" e "fique longe de...", mensagens estas elaboradas para nos manter seguros.

Depois, ao longo dos anos da pré-escola e além, ouvimos contos de fadas e canções de ninar que reforçam esses pontos.

Lembra-se da história da *Chapeuzinho Vermelho*? Aquela que conta sobre uma garotinha que se afastou do caminho e falou com um estranho, o que resultou em sua experiência de quase morte e no assassinato de sua avó? Sim, a moral da história não é nada sutil.

Cumprida nossa quota de historinhas, passamos a ouvir adágios que defendem a segurança, como *"melhor prevenir do que remediar"*, e expressões idiomáticas com o intuito de nos manter longe de problemas, como *"a curiosidade matou o gato"*. Também ouvimos pessoas bem intencionadas nos dizer como viver com precaução, como quando nossos pais nos apontavam quais de nossos amigos eram más companhias e orientadores pedagógicos nos encorajavam a termos "opções de segurança", no possível evento de nossos sonhos para o pós-ensino médio não se realizarem.

Todas essas lições, na época, foram valiosíssimas para nós. Se você nunca colocou a mão no fogo, não aceitou doce de um estranho ou, em um tom mais positivo, se alguma vez já vivenciou uma experiência fabulosa de um

INTRODUÇÃO

Plano B, então você é o beneficiário sortudo de algumas grandes lições de vida.

Há um momento, no entanto, em que tais mensagens não nos ajudam mais. Quando conseguimos desenvolver nosso próprio poder de julgamento para nos manter longe do perigo, exercer o livre-arbítrio e assumir o assento do motorista de nossa própria vida, o efeito duradouro das orientações de não nos arriscarmos pode nos impedir de buscarmos experiências que nos levam à boa vida que imaginávamos para nós mesmos.

É paradoxal, não? As mesmas orientações que ajudaram no nosso crescimento para sermos adultos de sucesso são exatamente as que podem estar nos impedindo de realizar nossos sonhos.

Percebemos os efeitos duradouros da mentalidade do não se arriscar em praticamente todos os adultos líderes que orientamos. Como fundadoras da Lead Star, uma exitosa empresa de consultoria em desenvolvimento de liderança, passamos quase duas décadas dando suporte a profissionais ao ajudá-los a desenvolver suas visões e habilidades de liderança para aumentar seus resultados. O trabalho de nossa vida é ajudar as pessoas a terem sucesso, e tivemos a boa fortuna de fazer parcerias com grandes empresas, como Google, Facebook, Walmart e FedEx.

Assim como os quarterbacks da NFL que assistiram a milhares de horas de jogos gravados para aperfeiçoar seus movimentos e o processo de tomada de decisão, nós testemunhamos milhares de líderes fazerem muitas escolhas. Também tivemos a oportunidade de orientá-los ao longo de desafios, fracassos, imprevistos e erros, ajudando-os a se redirecionar rumo aos maiores sucessos que conseguiram obter. Ao longo de diversas jornadas de desenvolvimento de liderança que tivemos o privilégio de orientar, percebemos que mesmo os melhores líderes muitas vezes não têm um conjunto crucial de habilidades que *sempre* leva a grandes conquistas:

A habilidade consistente de apostar em si mesmos.

Em *Aposte em Você*, vamos ajudá-lo a entender o ingrediente que quase sempre falta para se ter uma vida bem vivida, em que você tem menos estresse, mais sucesso e alegria. Observamos muitos líderes lutarem com drama, raiva e frustração desnecessárias e perderem a felicidade por não reconhecerem seus verdadeiros talentos, recorrendo ao modo "sem riscos" que sua educação os levou a abraçar.

INTRODUÇÃO

A boa notícia é que existe uma maneira de contrabalancear nosso viés de segurança e construir uma ponte entre onde você está e onde quer estar. Isso é feito por meio do desenvolvimento e da adoção de um conjunto de habilidades ao qual você provavelmente prestou pouca atenção antes, mas que é crucial agora, pois o ajudará a transformar a incerteza em oportunidade em todos os aspectos de sua vida.

Esse conjunto de habilidades é saber assumir riscos.

RISCO: O INGREDIENTE QUE FALTA EM SUA FÓRMULA PARA O SUCESSO

O risco é o ingrediente que falta em sua fórmula para o sucesso, independentemente de como prefira definir sucesso:

- Investir em sua educação continuada.
- Começar aquele negócio paralelo no qual vem pensando.
- Mudar-se para uma área mais afastada para ter uma vida mais equilibrada.
- Conseguir aquela promoção que parece inalcançável.
- Dar uma pausa na carreira para poder viver em outro país.
- Engajar-se mais para fazer a diferença em sua comunidade.
- Começar uma família durante a época de pico de sua carreira.

Entendemos que provavelmente ninguém jamais lhe disse que assumir riscos seria tão crucial na jornada de sua vida. Acredite, ninguém nos disse isso também.

Fomos educadas como você. Ensinaram-nos a jogar o jogo da segurança e, mais tarde, nos disseram que uma boa educação, uma rede de amigos e conseguir um "bom" emprego era tudo de que precisávamos para ter sucesso na vida. Ninguém jamais veio conversar com a gente e insistiu nessa mensagem de "assumir riscos".

Nós nos deparamos com isso voluntariamente quando ambas entramos para o Corpo de Fuzileiros Navais dos EUA, onde nossa amizade se formou. Curiosamente, não foi a natureza arriscada do serviço militar que nos

INTRODUÇÃO

atraiu. Foi outra coisa: o chamado para sermos algo mais, para servimos nosso país, para nos transformarmos em versões melhores de nós mesmas (e um pouco de dinheiro para fazermos a faculdade como o pontapé inicial). Mal sabíamos que, quando nos inscrevemos, estávamos prestes a assistir a uma aula magistral sobre "Como Assumir Riscos".

Após deixarmos o Corpo de Fuzileiros, decidimos unir forças e assumir muito mais riscos juntas. Abrimos nossa empresa, a Lead Star, em 2004, quando ambas tínhamos 20 e poucos anos de idade, e percebemos que as lições de liderança que aprendemos nos Fuzileiros tinham muito valor para todas as áreas de nossa vida. Também sabíamos que a maioria das pessoas nunca aprendeu realmente como liderar de forma tão prática como havíamos aprendido, em geral o elo faltante que conecta seus talentos, sua educação e seu desejo de avançar na carreira. Queríamos fazer algo a respeito disso. Assim, juntamos parte de nossas economias, usamos o cartão de crédito para cobrir os momentos em que não tínhamos dinheiro e começamos nossa jornada para criar nossa empresa e ajudar profissionais à medida que desenvolviam suas habilidades de liderança.

Víamos nossa empresa como uma oportunidade de compartilhar lições de liderança inspiradas no Corpo de Fuzileiros Navais com o maior número possível de pessoas para ajudá-las a entender que a liderança não é um lugar no organograma; é um comportamento. É a habilidade de influenciar resultados e inspirar outros. Qualquer pessoa em qualquer nível empresarial pode liderar. Quando fazem isso, boas coisas acontecem com elas: geram confiança, ganham respeito e são capazes de transformar um grupo de indivíduos em uma equipe.

Também escrevemos dois livros sobre liderança: *Leading from the Front* [Liderando da Frente, em tradução livre] e *SPARK* [Faísca, em tradução livre]. Acredite, se houver um canal que possamos usar para espalhar nossa mensagem, o usaremos. Nossa paixão sempre foi ajudar outras pessoas a avançarem de maneiras que talvez nunca tenham considerado antes.

Aposte em Você foi escrito com o mesmo espírito. Nossa motivação é ajudá-lo a ter sucesso, e não apenas ao melhorar suas habilidades de liderança, mas pelo desenvolvimento da mentalidade e das habilidades de assumir riscos que o ajudarão a desenvolver a coragem para dar um passo à frente rumo àquilo que você já deseja fazer há algum tempo, mas que vem hesitando.

INTRODUÇÃO

ASSUMIR RISCOS NÃO É APENAS PARA MOMENTOS ÉPICOS

Pois bem, quando falamos sobre risco, não nos referimos àqueles riscos grandes, assustadores e épicos, normalmente associados com as propagandas dos Fuzileiros Navais, nos quais você corre em direção ao estrondo do caos totalmente equipado e pronto para se engajar em troca de tiros e se colocar em risco físico. Pelo contrário, aprendemos a respeito dos riscos pequenos e consistentes que nos ajudaram a entender como nos tirar da zona de conforto um pouquinho mais a cada dia, como o impossível é provável tendo o foco certo e o comprometimento diário, e como potencializar o poder incrível e avassalador do trabalho em equipe para conquistar o que quer que esteja em seu coração e em sua mente. (É impossível destacarmos isso o suficiente: para fazer grandes coisas, você precisa de uma grande rede de apoio!)

Isso faz parte da fórmula de assumir riscos sobre a qual escrevemos em *Aposte em Você*, a mesma fórmula que aplicamos em todos os empreendimentos de nossa vida e que nos levou a alguns sucessos bem profundos, como a criação de uma empresa de consultoria que vale milhões de dólares, a orientação de líderes nas melhores empresas do mundo e, o mais importante, conceber nossa vida profissional de modo que ela apoie nossa vida como um todo. Temos muito orgulho em compartilhar que nossas responsabilidades profissionais nunca nos imobilizaram. Nossa empresa sempre nos deu a liberdade de escolhermos onde trabalhar, permitindo às nossas famílias a boa sorte de viver em diversos lugares fantásticos. Estamos muito empolgadas por compartilhar com você também como assumir riscos o ajudará a descobrir a alegria, o desafio recompensador e a aventura que vêm com uma vida vivida plenamente.

E sabemos que não podemos falar sobre risco focando apenas o lado bom.

Embora, sem dúvidas, você vá nos ver falando de forma apaixonada sobre o valor que assumir riscos pode trazer para sua vida, reconhecemos que nem todas as escolhas acabam como o planejado. (Sejamos realistas: pouquíssimas acabam como planejamos.) Há momentos em que assumir um risco o desviará do caminho, e também há outros em que assumir riscos pode levá-lo a fracassos monumentais. Em *Aposte em Você*, compartilharemos muitos de nossos tropeços e erros, os quais não temos medo de expor. Nós os compartilhamos de forma franca para que você possa ter o benefício de nossa experiência, e esperamos que você se sinta mais confortável para abraçar sua própria experiência. Sabemos que o fracasso nunca é eterno, e as más decisões passadas não devem deixá-lo para baixo ao contemplar ações futuras. Contratempos apresentam lições poderosas de aprendizado que podem ajudá-lo a adquirir sabedoria e experiência, qualidades que você pode usar para acelerar seu caminho adiante.

Também sabemos que, apesar de seus melhores esforços e intenções, é praticamente impossível evitar o fracasso. É apenas uma daquelas coisas na vida que acontecem, queiramos ou não. Estamos aqui para defender que é melhor fracassar ao tentar algo importante que o permitirá crescer, do que fracassar quando não está se esforçando em nada. Ou seja, já que fracassará — e isso ocorrerá —, queremos que faça isso valer a pena e tenha uma estratégia na manga para se recompor novamente, mais forte e mais resiliente, graças à experiência.

APOSTE EM VOCÊ: O IMPERATIVO DA VIDA E DOS NEGÓCIOS

Então pode muito bem ser verdade que, neste exato momento, aí onde está, você não esteja contemplando algo grandioso para si mesmo e sua vida. E tudo bem. Mudar só por mudar não faz sentido algum. Caso esteja satisfeito, então, por favor, siga em frente. *Aposte em Você* ainda é relevante.

Durante a pandemia global, muitos de nós percebemos que aquilo que há tempos considerávamos como um colete salva-vidas — um empregador, um governo, uma aposentadoria ou até mesmo um membro da família — não pode nos manter seguros de todas as ameaças que enfrentamos. A única segurança real que você tem na vida é algo que vem desenvolvendo por toda sua carreira: seu talento, um dos elementos mais importantes de seu colete salva-vidas. Sabemos algo sobre você que nos sentimos obrigadas a compartilhar. Quando você une seu talento com uma habilidade de assumir riscos, está preparado para gerenciar eficazmente qualquer disrupção externa que possa surgir em seu caminho.

E há mais uma coisa: exercitar o músculo do risco o permitirá contribuir de forma muito mais robusta em sua função no trabalho. O risco é, afinal, uma competência com um valor extremamente alto e com grande demanda que as empresas estão fazendo de tudo para desenvolver em seus funcionários. O Fórum Econômico Mundial faz pesquisas rotineiras com líderes de empresas para perguntar quais habilidades são necessárias para o futuro do trabalho. Cada vez mais, esses líderes citam criatividade, inovação e resolução de problemas complexos em nossa mão de obra global tanto agora como no futuro — competências que exigem a habilidade de assumir e gerenciar riscos. Portanto, caso se veja algum dia sentado em uma reunião com uma grande ideia que hesita em compartilhar, queremos que tenha a coragem de compartilhá-la, a confiança para acreditar que pode liderar o esforço e a disciplina adicional para agir.

NOSSA JORNADA JUNTOS

Aposte em Você está dividido em três partes que focam orientações práticas para ajudá-lo a liderar sua vida rumo ao sucesso e à satisfação:

Seção Um: Repensando o Risco

Desmistificaremos a atitude de assumir riscos para que você possa evoluir sua compreensão desse conceito e sua natureza. O risco, em geral, é erroneamente comparado com a recompensa, como se houvesse apenas duas opções quando você decide dar uma chance a si mesmo. Esse tipo de configuração binária de ganhar ou perder realmente estreita nossa visão sobre o que verdadeiramente significa assumir riscos. E isso, muitas vezes, pode impedi-lo de ver como você tem a habilidade de lidar com um desafio de frente e liderar bem ao longo dele.

Seção Dois: Definindo o Sucesso e Fazendo o Trabalho

Nesta seção, ofereceremos orientações passo a passo sobre como aplicar a mudança ao assumir riscos, de maneiras muito criteriosas e incrementais. Fazer isso certamente exige que você sonhe grande, contudo, o ajudaremos a aumentar a qualidade de seus sonhos, visto que sabemos como sonhos frívolos contêm pouca orientação à ação.

Tenha em mente também que não defendemos que os riscos sejam assumidos de forma descuidada; queremos que você progrida em sua vida de

INTRODUÇÃO

maneiras que honrem seus objetivos e suas aspirações. Também queremos que faça isso de maneira comedida. Mudanças duradouras e sustentáveis demandam tempo e disciplina. Isso deve ser acompanhado pela alegria e pela satisfação. Você terá mais chances de realizar seus sonhos se conseguir se divertir ao longo do caminho. Ajudaremos você a organizar o que quer da vida de maneiras multidimensionais, para que seu esforço se transforme em algo significativo. Também o ajudaremos a identificar as pessoas de quem precisará obter apoio. O guia certo, na hora certa, pode acelerar seu sucesso.

Seção Três: Permanecendo Seguro e Reconhecendo as Vitórias

Ter um colete salva-vidas robusto é um fator essencial para criar a confiança necessária de modo a potencializar o risco de modo consistente. Mostraremos como fazer isso. E também o ajudaremos a reconhecer suas vitórias. Já vimos diversos profissionais entrarem em um loop de realizações, buscando sucesso atrás de sucesso para seu próprio desfavor. Nós mesmas já caímos nessa armadilha das realizações. Embora possa parecer contraintuitivo, aprendemos a reconhecer quando estamos tendo progresso para que possamos saborear a doçura da vitória e usar tal experiência para perceber nosso crescimento e nossas habilidades em expansão. Se não virmos nossos talentos pelo que realmente são, acreditaremos que não temos o que é preciso para continuar com as intenções que temos para nossa vida.

ESTE É O OBJETIVO

Muitos livros contam ótimas histórias. O nosso é diferente. Claro, esperamos contar ótimas histórias ao longo de *Aposte em Você* — não apenas a nossa, mas também a de líderes famosos e daqueles menos conhecidos, cujos exemplos de vida podem iluminar grandes lições e servir como testamentos poderosos ao poder de assumirmos riscos.

Nosso livro, no entanto, é mais como uma missão.

Somos entusiastas com relação ao valor do risco. Já experienciamos seu valor de inúmeras formas. Não fomos crianças privilegiadas que receberam heranças que nos ajudaram a avançar na vida. Somos garotas de escola

INTRODUÇÃO

pública que apenas tiveram coragem suficiente para pensar que poderíamos fazer parte dos Fuzileiros Navais. A partir dessa experiência transformadora, aprendemos um conjunto de habilidades que foi o catalisador para todas as ótimas coisas que aconteceram em nossa vida. Não queremos manter em segredo o que sabemos sobre o risco. Queremos que você saiba e experiencie tudo isso para conseguir obter o *melhor* em sua vida — uma carreira melhor, um equilíbrio melhor entre trabalho e vida pessoal, relacionamentos melhores e um futuro melhor. Sabemos que o *melhor* pode ser alcançado se você fizer uma única coisinha muito simples vez após vez: *Aposte em Você.*

Seção Um

REPENSANDO O RISCO

Capítulo Um

REIMAGINANDO O RISCO

"Tudo é um risco. Não fazer nada é um risco. Depende de você."
— Nicola Yoon[1]

EM RESUMO

Este capítulo fala sobre reconfigurar seu relacionamento com o risco e entender como você pode usar essa qualidade vencedora para alcançar o sucesso que lhe importa.

PARA REFLETIR

O risco é o único caminho que leva ao crescimento, à oportunidade, à autodireção, à transformação e à mudança positiva.

O risco, quando assumido corretamente, é uma série de primeiros passos seguidos por muitos outros que são mensurados, refletidos, intencionais, bem planejados e que exigem ação incremental, e não pulos repentinos.

Estar aberto para uma jornada em que há abundância de incerteza pode resultar em experiências muito mais incríveis e enriquecedoras do que você jamais pôde imaginar.

Nós definimos o risco como tomar uma ação perante a incerteza. Visto que ninguém pode prever o futuro, isso significa que o risco e a incerteza estão sempre e totalmente presentes em nossa vida. Você começa a ficar confortável com o conceito do risco quando reconhece tal verdade. Isso o ajudará a se abrir mais para convidar o risco à sua vida estrategicamente, em vez de lutar continuamente para eliminá-lo.

Assumir um risco é uma escolha consciente que lhe permite progredir na vida, em comparação com ficar à mercê de externalidades. Embora seja senso comum pensar no risco como o lado negativo de uma escolha, a realidade é que os resultados de seus riscos podem ser negativos ou positivos, e não necessariamente imediatos. As escolhas que você faz hoje podem levar a oportunidades que aparecerão somente em algum momento futuro. Na verdade, assumir pequenos riscos hoje pode ser um dos maiores investimentos que você pode fazer para seu futuro.

E, diferentemente de apostar em cassinos, onde as chances estão a favor da casa, nós acreditamos que, quando você assume riscos, estará influenciando sua vida para que as chances de sucesso estejam muito mais a seu favor. Além disso, qualquer resultado negativo geralmente equivale a uma experiência enriquecedora que leva ao aprendizado e ao crescimento. O fracasso só é fatal quando você para de crescer; embora possa ser um percalço, ele também pode ser uma experiência que o ajuda a aprender lições importantes. Afinal, pense em sua vida. Quem tem sido seu melhor professor: seus fracassos ou seus sucessos? Os fracassos, certo? Todos sabemos disso intuitivamente, contudo, por algum motivo, a lógica não é convincente o bastante para nos tirar do modo "prevenção de fracassos".

Ajudar os líderes a reimaginar o risco é uma das coisas mais importantes que fazemos como *coaches*. Assumimos a responsabilidade de ajudar outros a reconfigurar seus relacionamentos seriamente, pois vimos que a decisão de não abraçar o risco diariamente pode, de fato, ser um dos maiores riscos que as pessoas assumem em sua vida.

Passar a gostar mais do risco pode ser difícil, pois a palavra *risco* é, em geral, usada como sinônimo de perigo, desvantagem ou ameaça. Contudo, essas palavras representam apenas um lado estreito da história. Outro lado da história, mais essencial, porém sub-representado, é que o risco é o único caminho que leva ao crescimento, à oportunidade, à autodireção, à transformação e à mudança positiva — experiências que são possíveis e que estão ao seu alcance.

Se não se sente confortável com o risco, você pode acabar tomando decisões com base no medo desesperado quando a incerteza ergue sua cabeça feiosa, em vez de usar sua força confiante. É como continuar em um emprego no qual está infeliz e, um dia, ouvir a notícia de que está sendo demitido. Você poderia ter feito uma mudança bem pensada para uma oportunidade melhor ao perceber que o trabalho não era sua praia, porém, em resposta, você se vê lutando e exposto à possibilidade de ter um salário menor e uma vaga inferior às suas capacidades profissionais.

Ninguém quer estar nessa posição, contudo, uma verdade infeliz é o fato de que muitos se encontram em desvantagem devido ao seu desconforto tanto com o conceito do risco como com as reais habilidades relacionadas a assumir riscos. Embora esteja claro que não podemos evitá-los, podemos controlar o nível de habilidades que demonstramos perante ele. Ao começar a assumir riscos e a convidar a incerteza à sua vida, você estará em uma posição melhor para se sentir mais confortável com o fato de estar desconfortável, assim como para influenciar a direção de sua vida. Um risco bem pensado inevitavelmente levará a outro, e à medida que desenvolve seu músculo do risco, fortalecerá sua capacidade de riscos.

EQUILIBRANDO O RISCO COM UMA ABORDAGEM CALIDOSCÓPICA

Lembra-se de ficar maravilhado com um caleidoscópio quando era criança? Você segurava as lentes, via as pecinhas ou vidros brilhantes e coloridos em um padrão simétrico e, então, com uma virada no objeto, as pecinhas se transformavam em um novo design colorido e equilibrado.

O que tornava o caleidoscópio hipnotizante era a combinação certa de pecinhas em cada câmara com tamanhos iguais.

No espírito de assumir riscos, gostaríamos de imaginar cada câmara do caleidoscópio não apenas como elementos de uma vida bem vivida, mas como áreas às quais você pode direcionar sua atitude de assumir riscos para levá-lo ao sucesso que imagina para si mesmo. Estas são quatro câmaras comuns nas quais a maioria das pessoas normalmente deseja assumir riscos:

- **Riscos na Vida.** Alguns dos papéis mais importantes que assumimos — como cônjuges, pais e amigos — nos permitem desenvolver nossa capacidade de potencializar bem o risco.
- **Riscos em Sua Carreira.** Muitos de nós passam mais tempo no trabalho do que em qualquer outra área da vida. Assumir riscos estratégicos no âmbito profissional desenvolve habilidades e contribui para resultados melhores.
- **Riscos de Impacto.** Servir aos outros e à nossa comunidade é um dos papéis mais importantes de liderança que podemos ter em nossa vida.
- **Riscos de Alegria.** Encontrar diversão, realização e satisfação impulsiona nossa jornada de vida. Uma vida com poucos riscos limita nossa oportunidade de alegria.

Ao longo da jornada de *Aposte em Você*, você lerá histórias sobre riscos assumidos em cada uma dessas câmaras para poder ter uma compreensão mais forte das áreas de sua vida em que pode exercitar o risco também. À medida que reflete nessas histórias, também pode descobrir que demonstra facilidade e conforto com o risco em uma "câmara", mas tem um pouco mais de deficiência em outra. Já vimos isso muitas vezes também:

- Nossos colegas fuzileiros navais, que assumiram riscos extraordinários em suas vidas, mas que tinham uma enorme aversão ao risco quando se tratava de investir em sua educação após saírem do Corpo de Fuzileiros.
- Amigos que são articulados em suas comunidades sobre questões que lhes tocam o coração, mas que não encontram a coragem para negociar um aumento no trabalho.
- Colegas que aceitariam uma promoção que compromete seu tempo com a família, mas que, por causa da disrupção, não mudam de empresa para terem uma oportunidade mais flexível e com mais tempo para a família.

Mostraremos que é importante convidar o risco intencionalmente para sua vida quando puder, pois a experiência que criará ao começar a assumir riscos o torna ainda mais preparado para o risco quando ele o pegar de surpresa. Foi esse o caso com Courtney, quando, no início de sua carreira, ela tentou canalizar a mentalidade de assumir riscos que aplicava em sua carreira em sua vida profissional.

RISCOS NA VIDA: A HISTÓRIA DE COURTNEY

A Incerteza que Enriquece a Vida

Sou uma planejadora. Planejo tudo. Então, quando chegou a hora de planejar uma família, confesso que fiquei supernervosa para dar os primeiros passos nessa jornada. Sabia que minha vida mudaria drasticamente e que eu cederia certo controle para um serzinho maravilhoso e adorável. Contudo, meu marido, Patrick, e eu sabíamos que estávamos prontos para expandir nossa família e convidamos o risco de trazermos uma criança a este mundo.

Para nossa sorte, não demorou muito para que eu engravidasse.

Olhando para trás, não me lembro muito sobre a gravidez antes de minha primeira visita ao médico. Mas me lembro de quase todos os detalhes daquela primeira consulta. Patrick e eu fomos juntos de carro até o consultório, chegando adiantados para minha consulta à tarde. A sala de espera estava relativamente vazia. Não tocamos nas revistas enquanto esperávamos a enfermeira chamar meu nome, e ficamos conversando sobre como estávamos animados. Por fim, a porta da área de exames foi aberta, e meu nome foi chamado. Nós dois seguimos a enfermeira até um quartinho onde ela mediu meus sinais vitais, me pesou e fez perguntas sobre meu teste positivo de gravidez. Depois, ela me levou à sala de ultrassonografia.

— Parabéns! — disse o médico, enquanto apertava a mão de Patrick e me abraçava. Então ele explicou que o ultrassom era uma forma de confirmar a gravidez e obter uma estimativa mais precisa sobre a data de nascimento do bebê. Não demorou até que o procedimento começasse. Após apenas dois minutos, o médico falou novamente, mas não era o que esperávamos ouvir.

— Puxa! — exclamou ele.

Entrei em pânico. *Puxa* não era o que eu esperava. Sabia que a primeira gravidez nem sempre dá certo. E estava apenas de oito semanas, que é um momento perigoso em qualquer gravidez. Ele deve ter visto a expressão preocupada em meu rosto, pois falou novamente:

— É um "puxa" bom, mas quero ter total certeza antes de dizer qualquer outra coisa. Só me dê uns minutinhos — disse ele enquanto continuava a manipular os botões do aparelho.

Um "puxa" bom? O que poderia ser? Virei-me ansiosa para Patrick, que estava em pé ao meu lado. Observei sua camisa azul-marinho, um souvenir que ele havia escolhido em uma de nossas viagens para o Oeste. Nela, havia imagens de totens indianos, cada um com uma expressão singular na face. E bem quando Patrick e eu fizemos contato visual, ambos ansiosos por mais notícias, o médico falou uma palavra que mudou completamente meus esforços perfeitamente planejados para começar uma família.

— Gêmeos! Vocês terão dois bebês, e ambos estão ótimos! Os coraçõezinhos estão batendo forte! — disse ele, enquanto aumentava o volume no aparelho, permitindo que ouvíssemos melhor. Um momento transformador, com certeza.

Meus pais e irmãos, é claro, deram pulos de alegria com a notícia. *A menina que tem planos para tudo*, disseram, *com certeza não tinha planejado isso*. E é totalmente verdade! Eu não tinha histórico de gêmeos na família. Fiquei sabendo depois que teria gêmeos idênticos, o que acontece apenas uma vez a cada 105 gestações. A medicina moderna ainda não sabe explicar por que há gêmeos idênticos. Um óvulo perfeitamente saudável se divide, e você acaba com dois bebês, em vez de um. Ouvi que isso é como ganhar na loteria dos bebês. Para mim, no entanto, sendo minha primeira experiência e com minha mania de planejar tudo, foi bem assustador e intimidador.

Todavia, muitos anos depois, sou uma mãe de gêmeos orgulhosa e mais experiente. Minhas filhas, Jessica e Kara, ainda são cheias de

> surpresas. O que me surpreendeu também foi como aumentei minha habilidade de amar, de cuidar e de apoiar minhas filhas. Essa mudança totalmente inesperada em minha jornada como mãe me ensinou muito sobre a alegria de abraçar a incerteza em minha vida. Isso também destacou o valor de abraçar o risco consistentemente, de maneiras bem pensadas, equilibradas e intencionais. E, embora seja possível planejar só até certo ponto, quando está preparado para os riscos, aquilo para o qual você não se planejou pode resultar nas experiências mais fantásticas e que enriquecem sua vida de formas que não pode nem imaginar.

OS TRÊS PRINCIPAIS CONCEITOS ERRADOS SOBRE O RISCO

Sabemos que o modo como falamos sobre riscos não é consistente com o que provavelmente lhe foi apresentado antes de comprar este livro. Para ajudá-lo a entender melhor o valor do risco, queremos abordar os três maiores equívocos sobre o assunto que provavelmente estão impedindo você de adotá-lo bem. Esperamos que desafiar essas três crenças comumente aceitas o ajude a reimaginar o risco como um ingrediente poderoso em sua fórmula do sucesso.

Equívoco 1:
O Risco É o Oposto de Recompensa

Considere algumas das melhores coisas que aconteceram com você na vida. Talvez elas incluam alguns destes marcos: obter uma titulação acadêmica, casar-se, ter filhos, ganhar uma promoção ou vencer uma competição.

Agora, pense nisto: nenhuma dessas experiências positivas teria ocorrido se você não assumisse um risco. Para realizar qualquer um desses feitos, dos quais sente orgulho, você entrou em um mundo de incertezas gigantescas, em que as chances para o sucesso não estavam garantidas. Pense por um segundo sobre fazer faculdade ou casar-se — as chances de sucesso em qualquer uma dessas experiências são de 50%. Não é um número maravilhoso, mas quando as pessoas decidem ir atrás disso, há outras pessoas por lá para honrá-las com presentes pelas conquistas e festas de despedidas.

Assim, à medida que reflete sobre sua vida, fica claro que definitivamente você já se arriscou antes. No entanto, o que é diferente entre os riscos do passado e aqueles com os quais você está hesitante em assumir? Nós argumentaríamos que aqueles que você assumiu não pareciam riscos na época, pois eram populares e tradicionais — encorajados pela sociedade e aprovados pela mamãe. Todos faziam isso, então parecia seguro.

Quanto mais experiência ganhamos, mais singulares se tornam nossos sonhos e nossas visões para a vida. Percebemos que temos certas preferências e ideias que gostaríamos de realizar. Esses pensamentos podem incluir imaginar caminhos diferentes, em vez daqueles bastante trilhados que outros percorreram. Os riscos que parecem incomuns ou diferentes dos marcos mais tradicionais que buscamos atingir podem parecer um pouco mais assustadores e perigosos. Isso é o Paradoxo do Não se Arriscar acontecendo em sua vida.

Se ousarmos imaginar uma vida um pouquinho fora das normas aceitáveis de um "bom futuro", nossos instintos podem nos levar a duvidar de nós mesmos ou a nos defendermos por que é melhor não agir. Todavia, essas esperanças autênticas do que podemos fazer, nos tornar ou vivenciar são provavelmente bons indicadores de onde os pontos de satisfação, contribuição e realização podem ser encontrados. Para desenvolver a coragem firme necessária para escolher trilhar direções que lhe são importantes, você precisará recalibrar seu pensamento sobre o risco.

Em vez de acreditar que o risco é o oposto da recompensa, queremos que você pense nele como o caminho que leva a ela. Entretanto, esse caminho não é tranquilo, limpo e reto. É como a estrada de tijolos amarelos — um caminho que promete aventura, a oportunidade de conhecer algumas companhias incríveis e alguns obstáculos que você terá que superar. No fim, assim como a Dorothy, você descobre que tem, ou que pode obter, aquilo de que precisa para alcançar o que quer. É preciso apenas acreditar que seus talentos, suas capacidades e seu desempenho perante riscos anteriores são ótimos indicadores de seu sucesso perante os riscos futuros.

Quando Katy Bertodatto, amiga de Angie, percebeu que precisava apostar em si mesma para ter o sucesso que queria em sua vida, ela começou a seguir um caminho à recompensa que estava repleto de enormes desafios. Cada um que ela superava levava a resultados cada vez melhores. Sua jornada nos mostra o que é possível quando reimaginamos o risco.

RISCOS NA VIDA E NA CARREIRA: KATY BERTODATTO

Assumindo Riscos, Um Quilômetro de Cada Vez

Quando Katy terminou o processo de divórcio, ela tinha US$12 em sua conta bancária e dois filhos pequenos para cuidar. Na época, trabalhava como garçonete em um bar, o que lhe permitia pagar as contas, mas sabia que isso não levaria ela e seus meninos a uma vida na qual pudessem fazer as coisas simples: tirar férias, comer fora ou até ter uma casa própria. Ela via claramente que, se quisesse mudar suas circunstâncias, teria que fazer algo ousado para melhorar. Para ela, isso significou voltar a fazer faculdade.

Fazer um financiamento estudantil foi assustador para ela, pois, se não desse certo, estaria em pior situação do que quando começou. Porém, ela acreditava que precisava seguir em frente — não havia volta. Conseguir equilibrar trabalho, estudo e maternidade foi certamente difícil no começo, mas, com o tempo, ela graduou-se como tecnóloga após dois anos em uma faculdade comunitária.

Impulsionada por sua conquista, ela continuou dando passos à frente e se inscreveu em diversas instituições educacionais em seu estado, Michigan, para cursos de bacharelado. Para sua grande surpresa, foi aceita naquela que mais desejava, a Universidade de Michigan. Além disso, quando recebeu a carta de aceitação, também recebeu uma mensagem dizendo que teria benefícios integrais de transporte e moradia, fato este que a levou a agradecer por seu "status de baixa renda e de mãe solo combinado com minha média excelente no ensino médio e no curso de tecnóloga".

Katy e seu ex-marido improvisaram um calendário de custódia dos filhos, e ela também tentou cuidar de dois lares: um com seus filhos e outro em Ann Arbor, que ficava a quatro horas de distância. Nas segundas-feiras, durante dois anos, ela acordava às 3h da madrugada e viajava para o sul do estado para que conseguisse chegar a tempo em sua aula, que começava às 8h30. Ela permanecia por lá até o meio-dia de quinta-feira, quando pegava o carro e dirigia até o norte de Michigan para apanhar seus meninos após o colégio.

Durante esse período, Katy enfrentou tropeços e barreiras inevitáveis, alguns que pareciam intransponíveis às vezes — uma batalha custodial, disrupções domésticas e muitas dúvidas pessoais. Contudo, ela perseverou. No todo, foram mais de 48 mil quilômetros acumulados no hodômetro de seu carro em busca de sua graduação. Quando chegou o dia da formatura, ela estava muito animada ao receber o diploma perante seus filhos. Seus colegas de sala, inspirados por sua história, a escolheram como oradora — ela discursou perante uma audiência de mais de 10 mil pessoas que incluía formandos e familiares. Ela compartilhou não apenas que seus estudos a ajudaram a criar uma vida melhor para seus filhos, mas também que percebeu que sem as lições e experiências adquiridas enquanto exercitava o risco e o conforto que havia desenvolvido diante da incerteza, ela não teria conseguido, sendo uma aluna não tradicional.

Hoje em dia, Katy é dona de uma empresa de gestão de propriedades, tira férias incríveis com sua família, vive em uma linda casa em uma comunidade resort e, acima de tudo, está em uma posição muito melhor para levar sua vida em seus próprios termos. Ela se lembra constantemente que, se pudesse apostar em si mesma com US$12 dólares no banco, haveria muito pouco na vida que ela não poderia superar com seu foco, comprometimento e com a habilidade de potencializar suas habilidades de enfrentar o risco.

Equívoco 2:
O Risco É um Salto

Nossa sociedade celebra as mudanças repentinas e drásticas — *90 Dias para Casar*, alguém? Você também ouviu os seguintes mantras e chamadas à ação: Dê o salto! Arranque o band-aid de uma vez! Saia de seu emprego e mude sua vida!

Quando se trata de assumir um risco que é significativo para você, não siga nenhum desses conselhos.

Assumir um risco corretamente envolve uma série de passos — um seguindo por muitos outros — que são comedidos, bem pensados, intencionais, bem planejados e que exigem ação incremental, e não saltos repentinos.

Movimentos arriscados, ousados e chocantes em geral levam a resultados longe do ideal. Às vezes podemos ver isso em nossas escolhas impulsivas, muitas vezes motivadas pela emoção sem qualquer lógica. Se alguma vez já comprou impulsivamente um filhotinho de cachorro ou um equipamento de ginástica que viu certa noite em um infomercial, então sabe do que estamos falando.

Criar intenção significa que estamos engajados em nosso processo de pensamento, o que nos ajuda a desenvolver ideias para o tipo de mudança que queremos ver em nossa vida. Tais pensamentos se tornam crenças que viram comportamentos. Essa fórmula estabelece o fundamento para qualquer mudança sustentável e duradoura que o ajuda a alcançar o sucesso, ao passo que mitiga resultados negativos que possam aparecer em seu caminho.

Conhecemos muitas iniciativas de mudanças autogeridas que são falhas em sua estrutura porque não seguem essa fórmula. Elas começam com comportamentos, sem dar a oportunidade a muito pensamento. É como iniciar uma dieta por impulso, mas sem escolher um programa ou método o qual seguir. Ou comprar uma câmera porque você quer estudar fotografia e, depois, perceber que não está disposto a reservar o tempo necessário para as aulas.

Também observamos com frequência essa tendência entre nossos clientes de alta performance que são contatados por caçadores de talentos. Nossos clientes normalmente não estão tentando mudar de emprego, mas ficam intrigados ao ouvirem alguém dizer — um estranho, no entanto — que chegou a hora de mudar. Essas pessoas ficam animadas por se tratar de algo novo, diferente, sendo lisonjeiro ter seus talentos destacados por um terceiro externo, tanto que até contemplam uma mudança significativa — como mudar com sua família para o outro lado do país ou aceitar um cargo que acrescenta 45 minutos em trânsito, só de ida — sem pensarem cuidadosamente antes.

Pois bem, nós seremos as primeiras a dizer que os caçadores de talentos exercem uma função muito importante. Conhecemos vários que são ótimos, assim como pessoas que utilizaram seus serviços para encontrar oportunidades incríveis. Todavia, nossa orientação aos homens e às mulheres que orientamos é sempre a mesma: a melhor forma de assumir um risco é, primeiramente, decidir que você quer uma mudança, e, depois, usar os recursos disponíveis à medida que a executa metodicamente. Permita que a decisão de mudar conduza suas próximas ações, em vez de ser conduzido à mudança só porque uma oportunidade apareceu magicamente.

Aprendemos um ditado nos Fuzileiros Navais que se mostra inestimável para nós sempre que nos deparamos com uma tomada de ação com algo novo: devagar é suave, e suave é rápido. Sempre que começamos algo que nunca fizemos antes, precisamos abordar a coisa de forma lenta, resolver as falhas e entender e apreciar o que a oportunidade exige de nós. Esse conhecimento nos permite ganhar velocidade mais tarde, ajudando-nos a alcançar nosso objetivo — no final — de forma mais eficiente e com muito menos dores de cabeça.

Assim, quando o assunto é assumir riscos, não salte — dê passos firmes, e, antes que perceba, estará seguindo em direção ao sucesso que deseja.

RISCOS NA CARREIRA: REESE WITHERSPOON

Se o Jogo Não Está Funcionando para Você, Arrisque-se e Mude o Jogo

Reese Witherspoon é uma das atrizes mais amadas de Hollywood. Ela ostenta consistentemente um dos maiores Q scores[2] com base em seu enorme reconhecimento e simpatia. Ela começou sua carreira bem jovem, com 16 anos, no filme *No Mundo da Lua*. Depois, estreou em muitos sucessos de bilheteria, como *Legalmente Loira* e *Doce Lar*. Aos 29 anos de idade, ela ganhou um Oscar por seu papel como June Carter no

REIMAGINANDO O RISCO

filme *Johnny & June*, uma história sobre a vida de Johnny Cash. Foi nessa altura também que sua carreira começou a empacar.

Quando ela tinha 36 anos, a revista *The New Yorker* a colocou em uma lista de atores e atrizes ultrapassados.[3] Reese foi surpreendida pelo que acreditava ser uma sentença de morte deveras prematura para sua carreira. Contudo, isso serviu como um chacoalhão de que ela precisava para dar um início deliberado à próxima etapa de sua carreira.

O fato inspirador sobre o que ocorreu em seguida foi que, apesar de não conseguir scripts ou papéis interessantes, ela decidiu fazer algo a respeito. Sua abordagem proativa não foi dobrar a aposta nas coisas que qualquer um provavelmente faria nessa situação — ou seja, fazer mais contatos, aceitar um filme independente que pagava pouco para que pudesse se reapresentar para o mundo ou ser mais exigente com seu agente quanto a obter roteiros melhores. A questão foi reimaginar o jogo que ela estava jogando.

Seu marido, na época um agente de talentos, observou que ela adorava ler e sugeriu que, em vez de esperar que os papéis certos chegassem até ela, ela deveria comprar os direitos autorais dos livros que estava lendo e desenvolver os papéis que quisesse interpretar. Em outras palavras, se o jogo não está funcionando para você, mude o jogo. Então, ela passou a trabalhar diligentemente, avaliando centenas de títulos e considerando seu valor para uma possível produção. Em 2016, sua preparação e mudança estratégica na carreira a levaram a criar a Hello Sunshine, sua empresa de mídia que, desde então, produziu alguns sucessos incríveis (como o filme *Garota Exemplar* e a série digna de maratonar *Big Little Lies*). E Reese não parou por aí.

Hollywood é famosa pela desigualdade de pagamentos entre atores e atrizes conhecidos e desconhecidos. Reese queria criar uma empresa com foco na igualdade entre aqueles com os quais se engajava. Desta forma, à medida que ela tinha sucesso, outros também o teriam. Diferentemente da Hollywood tradicional, que usa um modelo padrão, implacável e competitivo em todas as facetas do negócio, a Hello Sunshine promove abundância e empoderamento ao ser transparente sobre coisas como pagamento. A empresa também emprega ativamente a diversidade no set para garantir que uma ampla variedade de talentos seja explorada.

Para Reese, é algo rotineiro estender sua influência para autores relativamente menos conhecidos, dando uma chance ao trabalho deles para quebrar a corrente dominante. Ela também tem clubes de livro disponíveis online para promover engajamento e comunidade.[4]

Reese Witherspoon é uma pessoa que foi considerada ultrapassada aos 36 anos de idade. Na verdade, ela só estava começando. Reese personifica como potencializar o risco para obter a vitória não apenas para si mesma, mas para ajudar os outros também. Ela subiu de nível ao apostar em si mesma e ao dar uma série de passos criativos para projetar sua vida. Não foi um salto que solidificou sua influência e liderança em Hollywood. Pelo contrário, ela fez escolhas consistentes e bem pensadas no momento certo para ela e para o setor no qual trabalha.

Equívoco 3:
Achamos que Podemos Evitar Assumir Riscos

Benjamin Franklin é famoso por dizer que as únicas certezas na vida são a morte e os impostos. Isso significa que todo o restante na vida é incerto, e sempre que há uma incerteza, há risco.

Lembramos àqueles que dizem que não se arriscam, ou afirmam que escolhem evitar os riscos a qualquer custo, de que podem ter uma incidência maior de riscos escondidos em sua vida sem perceberem. Por exemplo:

- Coexistir em um relacionamento tóxico (quando o mundo está repleto de pessoas melhores e mais inspiradoras).
- Não agendar um check-up anual de saúde (quando há um histórico familiar de câncer ou de doença cardíaca).
- Evitar uma conversa desconfortável (enquanto presumem que os problemas se resolverão sozinhos).
- Ter todas suas economias concentradas no plano de compra de ações da empresa onde trabalham (e não diversificar o portfólio).

- Desperdiçar tempo em buscas que não se conectam com seus valores ou princípios.
- Perder o benefício de satisfação e alegria maiores (ao não seguirem um objetivo que lhes seja significativo).

Achamos que podemos evitar o risco ao engordar nossa poupança, fazer mudanças inteligentes entre empregos, obter o diploma "certo" que se conecta diretamente com um emprego ou comprar o carro mais rápido do mercado, mas a realidade é que não podemos nos esconder do risco. O máximo que podemos fazer é mitigá-lo. O melhor que podemos fazer é abraçá-lo.

O RISCO É SEU CAMINHO PARA O CRESCIMENTO

Substituir seus conceitos errados sobre o risco permite que você entre em uma nova era de crescimento e desenvolvimento para si mesmo.

Pense nas pessoas que conhece que estão se arriscando e descobrindo novas eras de sucesso — seu amigo que abriu um centro de recreação jovem, seu colega que abraçou a política de "trabalhe de qualquer lugar" da empresa e agora se hospeda em Airbnbs em uma parte diferente do país a cada trimestre ou alguém em sua comunidade que começou no ministério para levar mais esperança e inspiração para este mundo.

Tais exemplos também reforçam que, quando você é intencional sobre como convida o risco à sua vida, você melhora sua vida, e os outros percebem isso, sendo inevitavelmente impactados. Estando ciente ou não, as pessoas importantes — como seus filhos, colegas de equipe, a equipe que lidera ou a comunidade à qual serve — se voltam para você em busca de orientação e inspiração. Elas esperam para ver o que você fará e o imitam. Quando está revigorado, renovado e autodirecionado, elas se sentem motivadas e copiam o que veem.

No passado, passamos muito tempo trabalhando diretamente com gerentes, ajudando-os a se reengajar com suas equipes. Eles nos procuraram de forma totalmente sincera e aberta, buscando formas pelas quais poderiam progredir para que pudessem melhorar e, por sua vez, ajudar suas equipes a melhorar. Eles não querem apenas trilhar um novo caminho, como também aplicar ações comprovadas que podem ajudá-los a melhorar de forma eficiente. Sempre nos sentimos honradas em ajudar. Porém, nós os alertamos: isso exigirá que façam algumas coisas que nunca fizeram antes — que é o nosso código não tão secreto para assumir riscos.

É sempre compensador ver como um grama de risco coloca em movimento muitíssima mudança positiva, como no caso de Craig.

RISCOS NA CARREIRA: NOVAS FORMAS DE TRABALHAR DESCOBERTAS PELO RISCO

Craig foi reitor em uma pequena faculdade. Após participar de um de nossos eventos de desenvolvimento de liderança, ele decidiu apresentar conceitos de liderança para seus colegas reitores, convidando-os para uma experiência de almoço-aprendizado mensal. As sessões tinham uma estrutura bem simples: antes do encontro, ele compartilhava o trecho de um livro, um TED talk ou um vídeo no YouTube sobre temas de liderança e pedia a todos que se engajassem com o conteúdo e levassem ideias para serem discutidas na sessão. Então, quando todos estavam juntos, Craig conduzia um diálogo sobre o tema e garantia que todos tivessem uma chance de compartilhar seus pensamentos, conectando-os com o grupo e com o trabalho que realizavam.

Craig compartilhou que, antes das sessões, seus colegas normalmente se desentendiam com relação aos recursos, resistiam em colaborar até mesmo no caso de ideias simples e pareciam pessoas que trabalhavam ativamente umas contra as outras para fortalecer seu próprio departamento e derrotar o dos outros. Ele ficou encantado quando, após introduzir esses conceitos de liderança como confiança na equipe, credibilidade e responsabilização, tanto a conversa como a cooperação entre os colegas começou a mudar gradualmente. O risco que ele enfrentou — reimaginar as reuniões e compartilhar ideias novas — transformou seu ambiente.

Seus riscos também transformarão seu ambiente e, sem sombra de dúvidas, levarão ao seu ponto mais alto de contribuição, o que sabemos ser algo que todos nós lutamos para alcançar.

Com nosso trabalho na Lead Star, reforçamos constantemente a mensagem da psicologia positiva, um conceito apresentado pelo Dr. Abraham Maslow em seu livro inovador de 1954, *Motivation and Personality* [Motivação e Personalidade, em tradução livre]. Antes de sua pesquisa, a psicologia centrava-se na cura de doenças, assim como nos aspectos negativos relacionados às falhas e doenças humanas. Seu trabalho trouxe um novo caminho e lançou as bases de pesquisas incríveis que nos ajudam a entender como podemos melhorar. Por *melhorar*, ele se refere a como podemos alcançar uma vida que valha a pena ser vivida e a autorrealização ao percebermos nossos talentos e nosso potencial completo.

Todos nós podemos melhorar. Por *melhorar* não queremos dizer que você deva ficar mais ocupado e fazer mais coisas. Às vezes *melhor* significa apenas reimaginar onde você está neste momento e como pode usar todas suas habilidades para abordar a vida de uma nova forma e abraçar cada dia como uma oportunidade novinha em folha para que sua vida dê certo.

Sabemos que você tem um objetivo em mente, um sonho que não perseguiu ou até mesmo uma mudança que há tempos procura realizar. O que está na sua mente é importante demais para lançar aos cuidados da sorte e inspirador demais para atrasar mais um dia sequer. Acreditamos que você tem tudo de que precisa para assumir esse momento agora mesmo e dar os passos necessários para viver sua vida da forma que a vislumbrou.

Obviamente, sempre haverá motivos pelos quais agora não é o momento certo ou por que o próximo ano será sua grande chance. Mas tal estilo de pensamento não o ajudará a conduzir sua vida e chegar aonde deseja ir. É bem o contrário. Pensar dessa forma pode levá-lo a um futuro no qual você relembrará momentos como esses e dirá a si mesmo: *Ah, como queria ter feito...*

Estudos e mais estudos mostram que as pessoas que se arriscam são mais felizes, têm mais sucesso e são mais realizadas. Queremos isso para você. Estamos muito empolgadas com a ideia de ajudá-lo a entender como abraçar o risco de modo a guiá-lo em direção à sua visão de vida. À medida

APOSTE EM VOCÊ

que fica mais confortável convidando o risco à sua vida, queremos que o use para fazer sua vida dar certo. E à medida que vislumbra formas nas quais pode vencer com o risco, temos 100% de certeza de que as apostas que faz em si mesmo compensarão de maneiras que você nem pode imaginar ainda.

COLOCANDO EM PRÁTICA

- Reflita no seu caleidoscópio e imagine maneiras pelas quais pode criar equilíbrio em sua vida ao assumir riscos.
- Procure entender seus equívocos com relação ao risco e como eles podem estar reprimindo você.
- Pense em como obteve sucesso com o risco no passado. Use esses resultados para criar confiança para novos riscos.
- Perceba que os planos, as visões e os objetivos que tem para sua vida não estão errados — eles são importantes e precisam ser priorizados.
- Identifique os riscos ocultos que está assumindo ao não agir deliberadamente conforme suas intenções.
- Imagine como, ao assumir riscos, poderá beneficiar os outros; use isso como motivação à medida que continua sua jornada de *Aposte em Você*.

Capítulo Dois

SE NÃO VOCÊ, ENTÃO QUEM?

"A única pessoa que você está destinado a se tornar é aquela que decide ser."
— Janet Champ e Charlotte Moore, Propaganda da Nike de 1991[1]

EM RESUMO

Este capítulo o ajuda a desenvolver sua perspectiva sobre si mesmo e seu relacionamento com o risco para que possa seguir em frente com uma apreciação renovada quanto à sua verdadeira capacidade.

PARA REFLETIR

Para apostar em você, é preciso se conhecer e aprender como confiar em si mesmo.

Arriscar-se é um comportamento aprendido, ou seja, você pode desenvolver um relacionamento todo novo com o risco caso não esteja satisfeito com o que tem agora.

Criar confiança alimenta sua habilidade de assumir riscos que o permitam desenvolver experiências que o levam ao *melhor* que você vislumbra.

Perguntinha rápida: quantos anos você tem?

Seja qual for sua resposta, essa é a quantidade de tempo que você investiu em conhecer a si mesmo. Ninguém deve conhecê-lo melhor do que você mesmo.

E, ainda assim, precisamos perguntar: quão bem você se conhece?

Os autoconscientes são verdadeiros consigo mesmos sobre quem são e aceitam a variedade de habilidades com as quais foram abençoados. Eles sabem onde são bons e, ao mesmo tempo, onde têm dificuldades. Embora valorizem informações externas sobre seus talentos e fraquezas, o tempo apenas fortalece sua habilidade de confiar que veem a si mesmos sob um aspecto verdadeiro.

Para aqueles que ainda precisam percorrer um pouco mais a jornada da autoconsciência, a beleza da coisa é que ela é isso mesmo: uma jornada. Essa busca vale a pena, nos enriquece e nunca termina; os requisitos são uma mente aberta e curiosidade com relação às suas forças, aos seus dons, às áreas que precisam ser desenvolvidas e às oportunidades a serem exploradas.

Enquanto desenvolve autoconsciência, também é importante considerar o que está fazendo com as informações que se disponibilizam a você. O autoconhecimento sozinho não significa que você está seguindo em um rumo alinhado com seus interesses, preferências ou valores. Conhecemos diversas pessoas fantásticas que se sentem autoconscientes o bastante para saber que estão no caminho errado ou que estão vivendo uma vida em busca dos objetivos que outra pessoa estabeleceu para elas. Apenas assumir riscos pode ajudá-las — *e ajudar você* — a corrigir o rumo para seu futuro, garantindo que aquilo que mais lhe importa esteja expresso completamente em sua vida, diariamente.

O tema da autoconsciência pode ser expansivo, incluindo assuntos que vão das preferências alimentares a como você lida com os confrontos. Para o propósito do risco, queremos nos concentrar em três áreas cruciais que o apoiarão em sua jornada de assumir riscos:

- Desenvolver a autodependência.
- Entender sua disposição ao risco.
- Desenvolver ativamente sua confiança.

VOCÊ É SEU PRÓPRIO HERÓI

Conhece a música *The Princess Who Saved Herself* [A Princesa que se Salvou, em tradução livre]? É uma canção contagiante sobre uma princesa que decidiu não esperar que alguém a salvasse. Ela colocou a mão na massa ao combater um dragão e uma bruxa e, depois, ao começar uma banda com eles. A música foi criação do guru de tecnologia que virou músico, Jonathan Coulton. Embora seu gênero musical fosse tipicamente mais rock e techno para adultos, ele aproveitou a oportunidade para escrever uma música infantil para um álbum de caridade para ajudar os jovens no Haiti. Ele contou que sua filha era *"obcecada com princesas, então sou forçado a pensar e a falar muito sobre elas. Nenhuma delas arrasa tanto quanto eu espero que minha filha arrase quando crescer, por isso, inventei uma que fizesse isso"*.[2]

A mensagem de Coulton é muito relevante para todos nós — príncipes, princesas e plebeus. Ninguém está vindo para salvá-lo. Você tem tudo dentro de si para fazer as coisas acontecerem. Toda vez que "salva" a si mesmo, você fica mais esperto, mais forte e melhor. Basicamente, você se torna mais autoconfiante.

Ralph Waldo Emerson, um dos primeiros escritores e poetas norte-americanos, apresentou o conceito da autoconfiança ao público geral em seu ensaio de 1841 intitulado apropriadamente *Autoconfiança*, no qual ele compartilhou que a melhor forma de evitar o conformismo que é autoimposto ou imposto pela sociedade é ficar cada vez mais consciente de quem você é e lutar destemidamente pelos seus objetivos.

Amamos essa frase — *lutar destemidamente pelos seus objetivos*. Na jornada de sua vida, as pessoas, sem dúvida, terão ideias e estabelecerão objetivos para você. Embora possa ser útil obter opiniões e recomendações com os outros, viver uma vida autêntica requer a autoria própria de seus sonhos e objetivos. Desta forma, ao realizá-los, eles lhe darão a sensação de que está no caminho certo.

RISCOS NA CARREIRA: DWAYNE JOHNSON

Até o The Rock Tem Dúvidas

Dwayne Johnson teve que aprender a confiar em si mesmo logo cedo na vida à medida que enfrentava os desafios em sua carreira.[3] Após não ser convocado para a NFL depois da faculdade e avaliar as opções, como curso de direito ou entrar para o FBI, ele decidiu correr atrás de uma carreira em luta livre, seguindo os passos de seu pai e de seu avô.[4] Interpretando o personagem "Rocky Maivia", que era uma combinação dos nomes de ringue de seu pai e de seu avô, Dwayne teve uma das ascensões mais rápidas como iniciante na WWF (World Wrestling Federation, agora conhecida como WWE [World Wrestling Entertainment]).

Anunciando-o como a primeira sensação de terceira geração na luta, a WWF o encorajou a adotar uma imagem limpinha e com carinha de bebê.[5] Inicialmente, os fãs o adoraram, e a WWF (que selecionava previamente os vencedores de todas as lutas) o escolheu para vencer sua primeira luta na Série do Sobrevivente. Então, depois de poucos meses, a federação decidiu premiá-lo com o cobiçado Campeonato Intercontinental.[6]

Durante esse período de sucesso inicial na carreira de Dwayne, a base de fãs na WWF estava mudando. Os personagens limpinhos e bonzinhos estavam caindo em desfavor à medida que o esporte entrava em uma "era de atitude", em que os fãs queriam que bandidos durões levassem os prêmios principais. O público começou a se voltar contra Rocky Maivia e sua rápida ascensão, vaiando-o em suas aparições após o campeonato. A negatividade o afetou. Perto do fim da temporada, ele estava lesionado e voltou para casa para descansar e contemplar seu futuro. Temeroso de que sua carreira como lutador estivesse acabando de forma tão rápida quanto sua carreira no futebol americano, ele sabia que precisava fazer algumas mudanças.

SE NÃO VOCÊ, ENTÃO QUEM?

Ele se reuniu com a direção da WWF, a qual permitiu que ele voltasse, mas a federação lhe disse que o colocariam na Nação de Dominação — uma equipe de lutadores mais agressivos e durões. Dwayne percebeu que essa equipe seria melhor para quem ele realmente era. E, ao interpretar o personagem Rocky, sabia que os fãs não compravam a ideia de ele ser um cara bonzinho. Assim como ele, os fãs queriam torcer por uma persona mais autêntica. Dwayne queria desenvolver um relacionamento com o público não como um cara sorridente e bonzinho, mas por quem ele realmente era, um competidor agressivo — positivo em alguns dias e pronto para dar porrada nos outros.

Logo em seguida, "The Rock" nasceu, e ele se tornou um dos lutadores de mais sucesso na história do setor. Por meio da pura autoconfiança, por se dissociar da identidade de seu pai e de seu avô e por deixar de lado o personagem que uma empresa criara, Dwayne continuou construindo uma carreira excepcional.

Certa vez, ele comentou sobre um momento difícil pelo qual passou em 2009: "*Profissionalmente, não conseguia apostar em mim mesmo. Não estava acostumado a fazer isso.*"[7] Em resposta, ele deu um tempo. Ele percebeu que outra reinvenção era necessária. Dwayne dobrou a aposta em quem ele realmente era e traçou uma imagem para seus agentes sobre a persona de filmes, fitness e redes sociais que ele queria se tornar. Seus agentes não entenderam. Prontamente, ele os trocou, decidindo apostar em si mesmo novamente. Hoje em dia, The Rock é uma sensação internacional e reconhecido globalmente como uma superestrela de bilheteria. Ele personifica a autoconfiança e se orgulha de sempre ser a pessoa mais esforçada do ambiente em que esteja.

É difícil acreditar que lendas como The Rock passem pelo mesmo tipo de dúvidas internas e de barreiras que são comuns a todos nós; contudo, precisamos confiar e acreditar em suas palavras. A autoconfiança pode ser um desafio para todos nós, e a forma mais rápida de superar essa barreira é entender exatamente o que o impede de avançar. Superar essas limitações será uma conquista crucial em sua jornada de *Aposte em Você*.

IDENTIFIQUE SEUS IMPEDIMENTOS

Pergunte-se: por que *ainda* não consegui dar o primeiro passo ou completar um marco crucial no caminho de busca de um objetivo importante ou de uma paixão? Seria...

- Timing — mais conhecido como *"Agora não é o momento certo"*?
- Dinheiro — não há o suficiente?
- Outra pessoa — você não tem o apoio de uma parte interessada importantíssima?

Ou seriam seus impedimentos internos:

- Seu medo de errar e fracassar?
- Falta de habilidade de criar prioridades?
- Não acredita que consegue ir até o final?
- Um fracasso passado que abalou sua confiança?

Pode haver outros impedimentos, é claro. Para apostar em si mesmo, você precisa entender o que lhe impede de fazer isso. Estamos aqui para dizer que tudo pode ser superado... e queremos dizer *tudo* mesmo.

Considerando todas as décadas em que nos comprometemos a ajudar líderes, ainda não encontramos nenhum profissional cujos sonhos estivessem além de suas capacidades. Na realidade, encontramos muitos que permitiram que o medo, a preocupação e a insegurança embaçassem sua visão do sucesso que lhes importa profundamente e os impedisse de dar os passos necessários para viver essa vida.

O medo mata mais sonhos do que o fracasso jamais o fará. Entender seus medos em relação ao risco permitirá que reconheça sua disposição ao risco — seu relacionamento pessoal com ele. Tal consciência permitirá que você compreenda em que pé está com o risco e o que precisa fazer para redimensioná-lo de modo que ele não o impeça de realizar o que mais lhe importa.

SUA DISPOSIÇÃO AO RISCO

Quando ouve a palavra *risco*, qual é sua reação? Para aqueles extremamente avessos ao risco, isso os deixa nervosos — coração disparado, mãos suando frio. Eles fazem uma transição rápida de mentalidade, de "Estamos Abertos" para "Desculpe, Estamos Fechados", à medida que pensamentos de perda (e não de ganhos prospectivos) inundam a mente deles.

Por outro lado, aqueles que pulam de paraquedas, que nadam com tubarões ou até mesmo que fazem *day trade* provavelmente são influenciados por seus genes aventureiros. A ideia de risco faz seu coração bater mais rápido, e eles estão "dentro" antes mesmo de saber que tipo de risco financeiro/emocional/físico podem enfrentar.

Sua reação à palavra é importante — só você sabe como a ideia de risco pode lhe fazer sentir. Todavia, o mais valioso quando o assunto é arriscar-se é que, independentemente de sua situação, você pode mudar. Assumir riscos é um comportamento aprendido, ou seja, você pode recriar um relacionamento totalmente novo com ele caso não esteja satisfeito com o que tem agora.

É importante saber que seu relacionamento com o risco é influenciado por diversas experiências de vida. Queremos nos concentrar no mais fundamental, que se origina de figuras essenciais em sua vida: seus pais, com uma ênfase particular em sua mãe,[8] ou na figura materna. O modo como sua mãe percebia o risco e agia em relação a ele exerceu uma influência poderosa em você, desde seus primeiros estágios da vida.

Em um estudo conduzido por Friederike Gerull e Ronald Rapee, os pesquisadores queriam entender *se* e *como* a mãe influencia os medos em seus filhos. Afinal, o medo é o maior bloqueador de riscos que a humanidade conhece. A estrutura de seu estudo era a seguinte: eles traziam criancinhas que estavam aprendendo a andar e compartilhavam com elas estímulos novos e baseados no medo, especificamente fotos incluindo serpentes e aranhas. Tais imagens eram pareadas com uma foto de suas mães com uma expressão facial negativa ou positiva. Diversos minutos depois, as crianças eram expostas às mesmas imagens novamente, mas, desta vez, pareadas com uma expressão facial neutra da mãe. No fim do estudo, adivinhe qual teve uma influência mais forte naquelas criancinhas? Você acertou: ver as reações negativas da mãe.

Embora os resultados desse estudo não devam surpreender, esperamos que sejam reveladores. Com o tempo, você aprendeu com o que deveria ficar empolgado e do que deveria ter medo por simplesmente observar sua figura materna. Assim, se sua mãe era cuidadosa e nervosa, você aprendeu a ser avesso ao risco; ou, caso sua mãe foi mais encorajadora e o empoderou a assumir riscos, você começou sua vida com uma tolerância maior a ele, e com uma disposição maior a apostar em si mesmo.

Conhecendo esse estudo, de repente algumas das escolhas mais ousadas que fizemos anteriormente em nossa vida fizeram muito mais sentido, como entrar para os Fuzileiros Navais dos EUA — uma organização na qual há 174 mil membros e, desses, apenas cerca de mil são mulheres. Embora sempre acreditássemos que ter o apoio de nossos pais tenha tornado essa decisão menos intimidadora, na verdade nunca consideramos como o estilo de educação que nossas mães nos deram influenciou nossa confiança em fazer tal comprometimento. (Valeu, mães!)

Neste exato momento, ao passo que você provavelmente pensa e se lembra de todas aquelas mensagens que captou em sua infância que o ajudaram ou o prejudicaram na vida, saiba de uma coisa: a questão aqui não é criticar sua mãe nem criar um monte de "poderias" e de *"ah, se fosse assim ou assado..."* Além disso, você não tem uma máquina do tempo disponível para voltar aos momentos-chave de sua vida e mudar seu destino.

Queremos que valorize quem e como você é e que saiba que, com esse conhecimento, pode desenvolver seu relacionamento com o risco usando aquilo que está à sua disposição agora mesmo: sua autopercepção e alguns recursos internos excelentes para explorar, sendo sua mentalidade um deles.

CONTROLE PSICOLÓGICO

Provavelmente você nem perceba, mas há uma guerra em sua mente quando se depara com um risco ou quando considera assumir um. São aqueles momentos em que fica se perguntando:

- Será que menciono tal assunto de novo com meu cônjuge?
- Será que conto ao meu chefe que estou tentando uma vaga em outra empresa?

- Aceito ser o técnico voluntário do time do meu filho?
- Devo manifestar minha opinião e apresentar um contraponto na reunião de minha equipe?

A guerra é entre dois estados mentais coexistentes e concorrentes que estão dentro de todos nós: prevenção e promoção. Um está dizendo para você jogar seguro, não embolar o meio de campo; o outro lhe diz *"sim, vá em frente, você consegue"*. Seu desafio não é tanto se retirar quanto deixá-los lutar até que um ganhe — afinal, estamos falando sobre se arriscar com intenção, e não sobre observar uma rinha de galos. Pelo contrário, a questão é estar consciente de que tais estados coexistem e, então, canalizar o correto para a ocasião respectiva quando necessário.

O estado de promoção foca o autodesenvolvimento, o crescimento e avançar rumo ao que mais importa para você e seus objetivos. É a mentalidade que o ajuda a aspirar e focar os benefícios que seus objetivos podem trazer quando você trilha um novo caminho. Isso lhe dá a motivação para se estender, alcançar, elevar e suster.

O estado de prevenção relaciona-se com os fatores de segurança e proteção de sua situação e vem acompanhado de um processo de pensamento que enfatiza o que pode dar errado. Ao passo que a promoção o motiva a ir em frente, a prevenção o segura no status quo, pois o medo da perda desempenhará um papel maior nas decisões que toma (ainda mais que a antecipação dos ganhos).

Sempre há um momento e um lugar para essas mentalidades assumirem a liderança. A questão sempre será: qual é o estado mental correto? Em geral, a resposta se resume a seus objetivos e à situação.

Há momentos em que é importante ter a liderança da mentalidade de prevenção — como quando *você está em seu limite*. Talvez tenha acabado de ter um filho e começado um novo emprego; agora pode não ser o momento de acelerar o projeto de reforma em sua casa nem de aprender a jogar golfe. Em momentos tormentosos como esses, talvez precise que uma mentalidade de prevenção prevaleça, ao passo que diz à sua mentalidade de promoção para fazer uma pausa.

Da mesma forma, há momentos em que sua mentalidade de prevenção precisa dar espaço à mentalidade de promoção, como quando está assumindo uma nova função no trabalho e é desafiado a inovar. Agora não é o momento de jogar seguro; é hora de imaginar coisas novas, de testar, de criar protótipos, de errar rápido e de aplicar o aprendizado enquanto progride.

Como Angie compartilhará, em momentos nos quais se depara com ideias novas que exigem um estado mental de promoção, você precisa se lembrar de que deve se apoiar em suas forças, e não nas fraquezas.

RISCOS NA CARREIRA: A HISTÓRIA DE ANGIE

Permita que a Promoção Lidere

— Se vocês querem escrever um livro, o que realmente precisam é de uma plataforma. Se ninguém sabe quem vocês são, por que comprarão seus livros? Comecem a falar sobre liderança para as empresas, criem um público, e isso atrairá uma editora.

Esse foi um ótimo conselho e veio do agente literário com o qual Courtney e eu compartilhamos nossa primeira proposta de livro no início dos anos 2000. Nossa proposta, que, analisando agora, era bem rudimentar, chamou a atenção do agente devido à sua singularidade: duas mulheres escrevendo sobre liderança nos Fuzileiros Navais dos EUA. Mas o que ele estava nos dizendo era que, se tínhamos qualquer esperança de vender nosso livro, precisávamos fazer mais do que escrever um bom material. Precisávamos abrir uma empresa para nos dar suporte.

Primeiro, a dura realidade: eu não sabia como abrir uma empresa. Minha formação era em inglês — gostava de palavras, não de números. Courtney e eu também decidimos que, se fôssemos abrir uma empresa, isso exigiria um investimento de nossa parte para tirá-la do papel, algo em torno de US$5 mil, que não é pouca coisa. Eu estava recém-casada e havíamos comprado nossa primeira casa. Realmente não tinha como separar os US$5 mil naquele momento; eu sabia que isso implicava que teria que fazer o investimento inicial usando meu cartão de crédito.

SE NÃO VOCÊ, ENTÃO QUEM?

Além disso, eu estava com medo. Se a empresa começasse a ir bem e a se mostrar promissora, eu provavelmente sairia de meu emprego em vendas de produtos farmacêuticos e dedicaria meus esforços integrais para a Lead Star. Em outras palavras, deixaria de lado um pagamento constante muito apreciado sem saber quanto tempo levaria até ter outra renda. É difícil imaginar agora, mas, na verdade, comecei a ressentir o fato de que tinha uma visão grande e ousada para o que minha vida poderia ser caso me arriscasse, ao passo que desejava apenas encontrar paz e felicidade na vida constante e estável que já havia criado, mas que não me satisfazia. É loucura, eu sei.

Ficou claro para mim que era muito boa em atiçar minhas dúvidas internas e listar todos os motivos pelos quais não deveria tentar algo que realmente me atraía emocional e intelectualmente. Então, certo dia, decidi mudar o diálogo e começar a me perguntar quais eram os motivos pelos quais deveria, de fato, começar um novo caminho. Na época, sem saber, eu estava permitindo que minha mentalidade de promoção finalmente tomasse a frente.

Uma coisa de cada vez. Eu sabia que escrevia bem, então esse aspecto do trabalho eu poderia dominar, mesmo que fosse assustador. (Um ponto para minha formação em inglês!) Também me sentia confortável falando em público, assim, essa função não me intimidava. E passei três anos trabalhando em vendas, então tinha experiência com o desenvolvimento da empresa.

Em seguida, pensei na Courtney e em todas as habilidades que ela traria. Ela é advogada e conhecia bastante sobre as exigências de abertura de uma empresa. Ela também tinha amigos que trabalhavam com marketing e estava mais consciente sobre o que precisávamos fazer para operacionalizar nossa marca. Ela também é visionária e é ótima em colocar as coisas para andar. Eu sou menos visionária e mais do tipo planejadora/executora. Consigo planejar como ninguém.

Lembro-me de como valorizei nossas forças conjuntas e de como percebi suas naturezas complementárias; formávamos uma ótima equipe. Quando Courtney e eu conversamos para confirmar que estávamos ambas dentro, uma frase memorável daquele dia foi: *"Se não nós, então quem?"* Ou seja, se nós não conseguíssemos tirar isso do papel, quem conseguiria?

SE NÃO VOCÊ, ENTÃO QUEM?

Assim, apostamos em nós mesmas e continuamos a fazer isso hoje, ao alimentar nossas ambições com uma mentalidade de promoção e ao acreditar que nossas forças podem nos ajudar a superar quaisquer obstáculos. É comum usarmos o mantra *"Se não você, então quem?"* para motivarmos uma à outra. Quanto mais sucesso tivemos e mais pessoas bem-sucedidas encontramos, mais percebemos que não há habilidades ou receitas supersecretas que dividam aqueles que prevalecem e aqueles que não. Há apenas uma disposição de apostar em si mesmo e de agir com relação ao que lhe importa. E quando nos deparamos com um obstáculo ou quando precisamos confrontar uma fraqueza que está nos segurando, não temos vergonha de pedir ajuda.

Em sua jornada de *Aposte em Você*, não tenha vergonha de pedir ajuda também. Parte dessa ajuda inicial é, na verdade, do tipo que você pode dar a si mesmo ao perceber a conversa que está rolando em sua mente quando contempla convidar o risco à sua vida e entender o que motiva o diálogo, reconhecendo se é sua mentalidade de prevenção ou de promoção, e depois, ao ficar bastante consciente do estado mental que você permite dominar, garantindo que seja o certo para a ocasião. Talvez perceba, por meio de sua própria combinação mental, que está mais bem preparado para o risco que está vislumbrando do que jamais havia imaginado. Assim como nós, pergunte-se: *Se não você, então quem?* Se você não consegue alcançar o sucesso nesse empreendimento, então quem conseguirá?

TENHA CONFIANÇA, A EXPERIÊNCIA VIRÁ

Sua disposição ao risco o preparará e posicionará, mentalmente falando, para assumir um risco. Porém, essas qualidades precisam de um amigo para ajudá-las a acreditar que a realização é possível. Tal amigo não é ninguém outro que a confiança.

SE NÃO VOCÊ, ENTÃO QUEM?

Adoramos esse assunto; tanto que desenvolvemos cursos de um dia inteiro só sobre ele. É sempre interessante a intriga em torno dessa habilidade, assim como o debate sobre sua origem, especialmente quando fazemos uma perguntinha muito simples e semissugestiva em nossos workshops:

O que vem primeiro: a experiência ou a confiança?

Ou seja, a experiência lhe dá confiança para tentar coisas novas ou a confiança lhe dá experiência para descobrir novas experiências? (Deixaremos que você pense sobre isso um minutinho.)

O que descobrimos é que praticamente todos os grupos do workshop ficam divididos. Metade explica de forma brilhante por que você deve ter experiência antes de desenvolver a confiança. A outra metade lhe dirá que precisa ter confiança até mesmo para se colocar em uma posição para desenvolver experiência.

Então, qual é a resposta certa? Embora pudéssemos apresentar uma ótima defesa para cada um dos pontos de vista, precisamos dizer que tendemos mais para o lado da necessidade da confiança antes da experiência.

Em geral, são necessários anos para desenvolver experiência, e você pode ficar com o sentimento de que nunca tem o suficiente dela em qualquer coisa que queria fazer. A confiança é uma emoção que pode ser gerenciada em um instante para lhe dar a coragem de agir. Não é possível ter uma sem a outra. E quando o assunto é se arriscar, você precisará da confiança para assumir o controle, pois estará pisando em áreas nas quais não tem experiência imediata.

Apostar em si mesmo exige que você perceba seu valor. Tal percepção começa com acreditar em si mesmo quando é testado, o que é a verdadeira definição da confiança. Algo sempre interessante é que, em termos de nossos desafios, há momentos em que acreditamos muito mais nos outros do que em nós mesmos. Você precisa resistir a essa tentação de confiar nos outros para resolver seus próprios desafios — você tem talento, capacidade, intelecto e motivação suficientes para alcançar seja lá o que estiver em sua mente. Porém, não é o bastante que nós, ou outros, acreditemos nisso. Você também deve acreditar.

DESENVOLVENDO A AUTOCONFIANÇA

Sua confiança pessoal é desenvolvida ao assumir riscos que o levam à arena das experiências. Não riscos sem informações ou aleatórios, mas por meio de sua habilidade de definir algo que você quer fazer e, em seguida, comprometer-se com o processo de executar isso. Caso queira terminar uma corrida de 5km mais rápido, por exemplo, a maneira simples de descrever como alcançaria o objetivo seria avaliar seu tempo atual, estabelecer um objetivo de tempo e, então, fazer o necessário para atingir seu objetivo — estreitar o vão existente de desempenho.

Contudo, sabemos que a maioria dos objetivos que valem a pena ser alcançados raramente são unidimensionais. Talvez terminar uma corrida de 5km mais rápido não seja apenas uma questão de correr. Talvez você precise fazer pesquisas sobre nutrição para entender do que seu corpo precisa para ter um desempenho melhor. Ou talvez possa consultar o plano de corrida de um técnico bem respeitado para obter a estrutura de que precisa para ter sucesso. Pode compartilhar seu objetivo com um amigo, responsabilizando a si mesmo pelo progresso.

Sabemos que, além do trabalho físico que desempenhará para alcançar seu novo tempo na corrida, também haverá o trabalho emocional. Você terá que se motivar para priorizar seus treinos e ter a disciplina necessária para realmente fazer o que pretende. Em alguns dias, estará empolgado para correr. Em outros, desejará fazer qualquer coisa, menos isso. Vez após vez, seu sucesso será determinado pelo seu nível de resposta a percalços, à perda de foco ou até mesmo à correria do dia a dia que se interpõe no caminho de sua visão para o sucesso.

O comprometimento e as ações correspondentes que você executa rumo à melhoria são os riscos reais que o ajudam a desenvolver a autoconfiança. Quando dizemos a nós mesmos que queremos ser melhores em algo, é preciso destacar que, sim, corremos o risco de fracassar. Quando temos sucesso, somos compensados com mais confiança e experiência. E quando não atingimos nosso objetivo, somos compensados assim mesmo com experiência e confiança, desde que processemos a experiência por meio da reflexão e do aprendizado:

- Por que não tivemos sucesso?
- O que faltou para termos sucesso?
- O objetivo ainda é tão importante a ponto de estarmos dispostos a tentar novamente e, é claro, arriscar fracassar de novo?

Como um grande amigo nosso diz, o fracasso é o preço que você precisa pagar para realizar seus sonhos. A confiança é o que nos dá a habilidade de tentarmos novamente, com mais conhecimento e, em geral, com mais esperança do que tínhamos em nosso esforço inicial.

Aumentar nossa confiança nos obriga a continuar testando o que é possível. Isso não exige um talento extraordinário ou dons super-humanos, mas apenas uma disposição para entrarmos na arena da vida e darmos uma chance para nós mesmos. De modo a ter a coragem para fazer isso, é de ajuda entender que a alegria de nossa vida não é definida pelos objetivos que estabelecemos, mas por como abraçamos e experienciamos a jornada rumo àquilo que queremos ser. Quer estabeleçamos e conquistemos objetivos pequenos ou tentemos aqueles monumentais, nossa confiança se expande quando passamos com êxito pelos desvios, percalços, pontos negativos e pelas barreiras para chegarmos aonde queremos estar.

Quanto mais forte for sua história de tentativas naquilo que quer fazer, mais confiança desenvolverá. Quando mais confiança tiver, mais fácil será apostar você.

APENAS ~~FAÇA~~ TENTE

"Tentar" ganhou uma reputação muito negativa em nossa sociedade, talvez devido à famosa frase de Yoda: *"Faça ou não faça. Tentativa não há."*

Sejamos sinceros, somos muito afortunados por saber que o futuro da galáxia não depende de nosso sucesso ou fracasso nas apostas que queremos fazer em nós mesmos. Portanto, vamos tirar um pouco a pressão sobre nós por um momento. As experiências que você está adquirindo para desenvolver confiança são como tentativas para ver onde quer fazer suas apostas. Não deveríamos ter medo de tentar.

Já orientamos muitas pessoas a atingirem seu próximo nível de sucesso; raramente falamos com líderes que se arrependem de terem tentado algo. Com muito mais frequência, vemos profissionais que se mantêm em um padrão contínuo de espera, trabalhando para juntar a coragem de modo a dar um passo rumo ao que parece ser o temível desconhecido, comumente referido como a busca de seus sonhos.

Durante esses padrões de espera, as pessoas compartilham diversos motivos pelos quais não se arriscam ou tentam algo novo ou diferente. Em geral, elas citam motivos financeiros e como não podem arriscar a aposentadoria ou o sustento de vida para mudar de marcha. Às vezes elas descrevem a razão pela qual não tentam como uma falta de talento ou habilidade. Ou então, elas lamentam, *"Não importa o que você sabe, mas sim quem conhece"*, à medida que afirmam que seus contatos são inadequados e que não há ninguém para abrir a porta de uma oportunidade cobiçada. Elas podem até explicar que qualquer desvio cairia mal em seus currículos, dando mais poder a uma folha de papel (ah, sim, a propósito, um papel que elas mesmas escrevem) do que viver uma vida de oportunidade e de experiências valiosas.

Se algum dia você já se viu postergando a decisão de tentar algo que seu coração realmente deseja conquistar, tenha isto em mente:

Tentar é exatamente o necessário para desenvolver a coragem e a confiança para apostar em você.

A coragem não é a ausência do medo, mas sua habilidade de enfrentá-lo e seguir em frente apesar dele. Por meio dessa coragem, desenvolvemos a autoconfiança em nosso caminho para nos tornarmos autossuficientes e prontos para abraçar os momentos que definirão nossa vida. Momentos e decisões que nos trazem alegria, satisfação e a oportunidade de contribuirmos. E, é claro, momentos dos quais nos lembraremos com orgulho, pois demos ouvido à nossa própria voz, acreditamos em nós mesmos e fizemos as apostas que eram certas para nós.

SE NÃO VOCÊ, ENTÃO QUEM?

RISCOS DE IMPACTO: A HISTÓRA DE COURTNEY

Autoconfiante nos Momentos que Importam

Confie em si mesma, Courtney, sussurrei ao me sentar em meu escritório girando uma caneta nos dedos e esperando, com cada giro, fazer surgir uma solução ao meu dilema.

Estava havia seis meses no que tinha começado como uma candidatura surpresa a um cargo público. Após o falecimento do meu representante local no Conselho de Supervisores municipal, vieram falar comigo e me pediram para me candidatar à sua vaga. Foram necessárias muitas horas de reflexão pessoal para decidir se conseguiria dar conta dessa função juntamente com meu trabalho na Lead Star, bem como decidir se era realmente o que queria. Quando cheguei à conclusão de que estava "dentro", meu comprometimento foi total. Após uma rápida vitória nas eleições primárias, agora era a indicada de meu partido para a função.

A eleição geral aconteceria em apenas cinco semanas, e meu oponente estava intensificando seus ataques negativos contra mim à medida que nos aproximávamos da etapa final e até o dia da eleição.

Ao escolher me candidatar a um cargo público, meu principal objetivo era agregar valor a um mundo político muito hostil e frustrante. Muitos (incluindo eu) acreditavam que as campanhas e a retórica política haviam atingido os piores e mais polêmicos patamares e que os cidadãos estavam cansados dos insultos e das calúnias. Ao escolher entrar na disputa para um cargo municipal, eu havia prometido a mim mesma, à minha equipe de campanha e aos voluntários que trabalhavam para me eleger que realizaria uma campanha produtiva e positiva. Em vez de insultos, focaria os problemas, as ideias e as oportunidades para melhorar nossa comunidade.

Meu oponente, no entanto, escolheu um caminho diferente. Sua equipe de campanha abarrotava caixas postais no distrito com malas diretas que haviam sido alteradas no Photoshop para me colocar em eventos e lugares aos quais não havia comparecido. Seus apoiadores também criaram um perfil e uma página falsos no Facebook, tentando me fazer comentar a situação, o que lhe daria uma oportunidade de torcer minhas palavras contra mim mesma. Tudo com relação aos esforços de última hora de sua equipe pareciam refletir a negatividade, as mentiras e o ridículo que tornavam a política insuportável para muitos.

Minha equipe estava cansada dos ataques. E agora meus conselheiros me encorajavam a mudar o plano. Em vez de focar apenas os problemas, eles queriam que o atacasse de volta e igualasse toda sua negatividade com meu próprio espírito lutador. Eles haviam desenterrado sujeiras sobre meu concorrente e até chegaram a fazer rascunhos de algumas malas diretas igualmente sórdidas que eu poderia enviar para rebater sua retórica com meus próprios insultos. Tudo a respeito desse plano proposto me parecia errado. No entanto, lá estava eu em meu escritório, girando a caneta e o considerando.

Havia acabado de sair de uma conversa ao telefone com uma das voluntárias mais dedicadas de minha campanha, que estava me implorando para puxar o gatilho na campanha das malas diretas. Ela havia compartilhado seu temor de que essa seria nossa única esperança:

— Precisamos fazer ataques negativos, Courtney. É o caminho comprovado para vencer essas corridas disputadas. Agora é a hora! — apelou ela.

Com reflexão, percebi que os ataques negativos em minha campanha eram totalmente o oposto do que eu valorizava. Sabia que permanecer exaltando as qualidades positivas e tentar seguir o caminho nobre não seriam uma escolha popular com minha equipe e meus apoiadores, mas decidi que não permitiria que nossa campanha se tornasse igual a muitas outras. Estava pronta para me arriscar a perder de modo a permanecer verdadeira ao comprometimento que havia feito no início, de fazer uma campanha positiva. Embora essa autoconfiança em um momento crucial não fosse celebrada por meus colegas, ela me deu paz e energia significativas para fazer a campanha com vigor durante a etapa final até a votação.

Na noite anterior à votação, as pesquisas indicavam que nossa disputa estava muito acirrada para dizer quem venceria. Agradeci a membros essenciais da equipe e compartilhei com eles o quanto valorizava seu tempo e suas contribuições, e como, por mais desafiador que tivesse sido, nós havíamos trabalhado arduamente para fazer as coisas de modo diferente. E, independentemente do resultado, teríamos muito do que nos orgulhar.

Passei o dia todo da votação cumprimentando pessoas nos locais de votação e agradecendo aos eleitores por terem comparecido. Após o encerramento, fui para casa tomar banho e me arrumar para assistir à apuração e logo descobri que nossa campanha parecia estar à frente. Nós vencemos por 11%, uma margem considerada como uma vitória política esmagadora.

Nas primeiras horas da madrugada, enquanto recebia um telefonema de parabéns do meu senador, refleti sobre a campanha. Embora vencer fosse bom, me sentia ainda melhor com a escolha de confiar em meus valores, enquanto a maioria me encorajava a mudar de rumo. Ironicamente, eu não duraria muito no cargo público. Ao passo que minha vitória havia sido grande, descobri que o cargo não me caía bem. Eu não valorizava o poder, o status e o prestígio da função e descobri que era cada vez mais difícil permanecer verdadeira a quem eu era.

Com o passar do tempo, percebi que poderia contribuir muito mais por meio de meu trabalho no setor privado. Posteriormente, renunciei ao cargo sem qualquer arrependimento de minha tentativa de me tornar mais engajada politicamente.

Valorizo profundamente a experiência e a compreensão que só poderiam ter vindo de minha tentativa. Quando damos passos rumo aos nossos sonhos, nem sempre acabamos onde esperávamos, e os ganhos que experienciamos nem sempre são aqueles que inicialmente almejávamos, mas, ainda assim, são valorosos.

Caso não tivesse aproveitado a chance quando a oportunidade se apresentou, ainda estaria me perguntando (e sonhando) sobre a vida política. Agora não apenas sei, como também estou mais consciente e definitivamente mais confiante no que se refere à minha habilidade de acreditar e confiar em minha própria intuição.

TUDO FICA MELHOR QUANDO VOCÊ APOSTA EM SI MESMO

Todos buscamos uma vida bem vivida. Ninguém quer chegar ao fim da vida com muitos arrependimentos. Quando você aprende a apostar em si mesmo, se depara com desafios, erros e muitos momentos de glória. E o mais importante: estará vivendo uma vida que é importante para você. Quando realiza seus sonhos e desejos, seu pior cenário é o autoconhecimento ainda mais profundo que você ganha com seus equívocos. Com tal conhecimento, você acentua o poder para redirecionar seus esforços de maneiras melhores.

Apostar em si mesmo é a única forma de descobrir consistentemente os próximos passos no caminho rumo a uma vida plena. É assim que se inicia qualquer capítulo novo e empolgante. Ou como se traz à tona quem você realmente é, e de forma mais completa, nos relacionamentos que mais valoriza. Quando acredita em si mesmo, você se dá a melhor chance possível de encontrar e manter a satisfação ao longo da jornada de seus dias. E, como um músculo bem definido, quanto mais aposta em você, mais forte fica. Esse é um ótimo hábito a ser desenvolvido.

Você tem objetivos por um motivo. Quando o assunto é alcançá-los, quem, além de você, pode fazer isso? E embora nem toda aposta dê certo, você nunca obterá recompensas duradouras sem a coragem de dar uma chance a si mesmo. Afinal, se não você, então quem? Quem é a melhor pessoa para viver a vida que você quer? Apenas você.

COLOCANDO EM PRÁTICA

- Passe tempo identificando suas respectivas forças e oportunidades para desenvolvimento e preferências.
- Como salvará a si mesmo? Desafie-se a identificar as áreas em que pode se tornar mais autoconfiante.
- Pense em um objetivo que já tinha, mas pelo qual não deu os passos para alcançar. Reserve um tempo para listar seus impedimentos e como pode superá-los.
- Torne-se mais consciente do tempo que passa nas mentalidades de promoção e de prevenção. Se o estado mental da prevenção é seu padrão, aprenda a orientar a si mesmo para o estado da promoção ao examinar os riscos e ver por que deve encará-los, antes de considerar por que não.
- Gerencie sua confiança. Ao ser testado, escolha acreditar em si mesmo.
- Apenas tente. Curta a jornada à qual suas experiências o levarão.

Seção Dois

DEFININDO O SUCESSO E FAZENDO O TRABALHO

Capítulo Três

SONHE. APROPRIE-SE DE SEUS SONHOS. AJA.

"Se quer ser feliz, estabeleça um objetivo que comande seus pensamentos, libere sua energia e inspire suas esperanças."
— Andrew Carnegie

EM RESUMO

Este capítulo mostra como melhorar a qualidade de seus sonhos para que você possa se responsabilizar pela ação e aumentar sua disposição de apostar em si mesmo de forma consistente.

PARA REFLETIR

Arriscar-se bem não se trata de ter sonhos maiores. Nossas chances de sucesso aumentam quando nossos sonhos são melhores.

Desenvolver um viés para a ação é como você se apropria de seus objetivos.

Não espere sua vez — a vida não é como uma fila do mercado. Aja.

As orientações sobre sonhos que concedemos ao longo de nossa vida não mudaram: *sonhe alto*. Contudo, nossa vida mudou muito desde a primeira vez que ouvimos essa mensagem.

Primeiro, o conceito de sonhar — para nós que hoje já somos adultos — parece fantástico, não acha? Quando você ouve a palavra *sonho*, ela não evoca um lugar em sua mente em que unicórnios e arcos-íris se encontram? Sabe uma terra das maravilhas à qual pode escapar e imaginar um mundo irreal, inalcançável e, porém, mágico, pois ela o transporta para longe da realidade?

E também, como adultos, simplesmente não sonhamos da mesma forma de quando éramos crianças. Ou seja, sonhar acordado. A calmaria em nossa vida quando era possível deixar a mente divagar — no trem, em um banco do parque enquanto os filhos brincam, em uma sala de espera — fica repleta de distrações:

- Smartphones feitos para nos ajudar a passar o tempo.
- Preocupações, dúvidas e medos que nos consomem.
- Trocas apressadas de mensagens que tratam dos detalhes e da logística de nossa vida.

Ainda assim, precisamos sonhar. O sonho é uma visão real de uma vida melhor para você, uma direção na qual deve desenvolver objetivos que tornam a vida mais gratificante. Sonhar acordado também é uma ferramenta poderosa disponível para nos ajudar a ser mais criativos, perceptivos e a inovar soluções a desafios que talvez não tenhamos considerado. Pesquisas mostram que quando nossa mente divaga, partes diferentes de nosso cérebro são ativadas, acessando informações que podem ter ficado dormentes ou fora do nosso alcance. Bob Samples, ao descrever esse processo, escreveu: "*Albert Einstein denominou a mente intuitiva ou metafórica como um dom sagrado. Ele acrescentou que a mente racional era uma serva fiel. É paradoxal que, em nosso contexto de vida moderna, começamos a adorar a serva e a profanar o divino.*"[1]

Grande parte do nosso mundo hoje nos lembra que devemos focar e nos concentrar, mas quando o assunto é pensar em seu futuro, você precisa se soltar das amarras, mentalmente falando. Isso pode ajudá-lo a

SONHE. APROPRIE-SE DE SEUS SONHOS. AJA.

reimaginar o que é melhor para você. E, ao fazer isso, acreditamos que seja importante orientá-lo, especificamente no que diz respeito a pensar em seu contexto e em como pode criar algo melhor para você, e é por isso que queremos compartilhar cinco perguntas para auxiliá-lo a trazer clareza aos seus sonhos:

- Como é seu caleidoscópio?
- O que vale a pena buscar?
- Consegue alcançar um ponto de partida para seu sonho?
- Consegue dar recursos aos seus sonhos?
- O desafio é divertido?

Pergunta 1:
Como é seu caleidoscópio?

Anteriormente, apresentamos o conceito de usar um caleidoscópio como auxílio para visualizar para onde devem estar direcionados os seus riscos. Ao imaginar que as câmaras de um caleidoscópio são componentes de uma vida equilibrada, você obtém uma noção não apenas do que lhe é mais valioso, mas também de como está se engajando em tais áreas de sua vida. Idealmente, cada uma de suas câmaras tem a mesma quantidade de pedacinhos de vidro, indicando que equilibra seu tempo e engajamento em cada um dos aspectos que acredita serem essenciais para uma boa vida.

Ao refletir sobre as quatro câmaras que acredita serem as prioridades mais importantes da vida, fique de olho naquelas que talvez não estejam recebendo muita atenção de sua parte. Quais são os objetivos, as esperanças ou aspirações que você tem para essas áreas de sua vida? Compreender o que está faltando em sua rotina diária pode ser um ótimo lugar para começar a sonhar melhor.

É comum pedirmos aos nossos clientes que descrevam como seria seu dia ideal. Pedimos a eles que escrevam quatro ou cinco parágrafos sobre isso. Onde aconteceria, com quem o compartilhariam, o que estariam fazendo etc. Apesar de os encorajarmos a compartilhar tudo que adorariam fazer nesse dia, a maioria dos líderes não escreve sobre um dia extravagante ou bizarro que passariam festejando em um iate luxuoso no Mediterrâneo. Pelo contrário, eles escrevem sobre um dia que quase sempre inclui ser valorizado no trabalho, passar tempo de qualidade com a família e os amigos, na natureza e muito descanso — dias que de fato estão ao seu alcance para serem vividos com uma boa frequência. Sonhar melhor é conhecer o que o satisfaz e dar passos para trazer esses aspectos da vida para seus dias, semanas e meses. Embora não haja perfeição em todos os dias, ao usar a estratégia do caleidoscópio para guiar suas ações, você pode trazer equilíbrio de forma mais rápida e deliberada de volta para sua vida quando ela fica bagunçada.

Pergunta 2:
O que vale a pena buscar?

Para sonhar melhor, é importante ter uma compreensão cristalina sobre o que você realmente valoriza realizar. Quanto mais hábil for (e, acredite, à medida que ficar bom em se arriscar, perceberá quantos talentos e qualidades tem), mais precisará ser seletivo quanto ao que estabelece para realizar. Você pode fazer praticamente qualquer coisa, especialmente se seus objetivos tocarem tanto sua mente quanto seu coração. No entanto, ninguém pode fazer tudo. E só porque você pode se sobressair ou realizar as coisas de determinada maneira, não significa que é isso que deveria fazer.

Pense nos sonhos ou desejos que já teve. Ou em uma época em que teve sucesso, mas que, ao alcançá-lo, suas realizações não pareceram ser tão realizadoras ou empolgantes. Provavelmente não era o objetivo que estava deslocado, mas o caminho que você escolheu para atingi-lo. Já passamos por isso na empresa uma ou duas vezes. Momentos em que identificamos um objetivo em uma de nossas câmaras, nos esforçamos muito para realizá-lo e, quando chegamos lá, não pareceu ser grande coisa.

Logo no início, quando abrimos a Lead Star, a ideia de ganhar US$1 milhão em receitas anuais era um de nossos objetivos.

Menos de 10% de todas as empresas conseguem isso. Acreditávamos que, quando superássemos tal barreira, teríamos "nos dado bem". Nós duas

SONHE. APROPRIE-SE DE SEUS SONHOS. AJA.

conseguimos nos lembrar facilmente do dia em que atingimos essa marca, e não foi aquele momento triunfante que esperávamos, visto que, naquela altura, nossa empresa estava repleta de complexidades e desafios, e nós estávamos esgotadas demais para nos sentirmos bem a respeito de qualquer coisa. Ou seja, "nos demos bem" — mas não era o que sentíamos. Esse tipo de sucesso não parece sustentável. Alcançamos o objetivo, mas percebemos que precisávamos ser muito mais intencionais sobre como queríamos atingi-lo. Em vez de aceitar todos os trabalhos que pudéssemos dar conta, começamos a entender melhor os tipos de clientes com os quais trabalhávamos melhor ou os tipos de projetos nos quais poderíamos causar um impacto significativo e positivo.

Levar nossos valores, nossas preferências e experiências passadas ao processo de compreensão sobre que tipo de trabalho teria o maior e melhor uso de nosso tempo e de nossos pontos fortes nos trouxe clareza. Essa clareza nos ajudou a focar nossos esforços para que não apenas desfrutássemos os anos futuros e tivéssemos satisfação, mas também para que conseguíssemos entregar resultados mais fortes para nossos clientes.

Conforme você trabalha para determinar quais objetivos e caminhos até seus sonhos valem a pena ser perseguidos, permita que seus valores, assim como qualquer insight adicional que possa ter, informem sua jornada. Se sua carreira preenche uma câmara e o avanço é importante para você, saiba que há mais de um caminho para chegar lá. Ou, se a saúde é importante para você, saiba que há milhares de maneiras de estar saudável. Seja criativo com suas rotas para que sua jornada seja mais enriquecedora do que o destino.

Quando investimos nosso dinheiro, normalmente nos concentramos no retorno sobre o investimento, ou ROI [*return on investment*], os ganhos que recebemos da escolha em investir. Encorajamos você a levar essa teoria aos sonhos e objetivos que decidir que valem a pena seu esforço. O tempo é um dos recursos mais limitados que temos, e ele não é renovável. Ao refletir sobre o possível retorno sobre o esforço, ou ROE [*return on effort*],* você ganha uma perspectiva sobre se vale realmente a pena investir seu tempo e sua energia ao buscar uma esperança, um sonho ou um objetivo. Caso

---

*Não confundir com o retorno sobre o patrimônio, que usa a mesma sigla: ROE [*Return on Equity*]. [N. do T.]

seja algo que incorpore viver os valores que mais estima, então vale a pena. No entanto, se isso lhe der oportunidades em apenas uma das câmaras de seu caleidoscópio, aja com precaução. Conquista após conquista em apenas uma área da vida em geral não significa realização.

Pergunta 3:
Consegue alcançar um ponto de partida para seu sonho?

Sonhar melhor significa não apenas determinar se vale a pena ir atrás de um objetivo, mas também é útil entender se você tem acesso aos pontos de partida que o lançarão na jornada rumo ao sucesso que imagina.

Quando Courtney era criança, ela gostava de aprender sobre a NASA, e, muitas vezes, ficava imaginando como seria ser uma astronauta. Quando estava se decidindo sobre começar uma carreira militar e descobriu que os pilotos militares são ótimos candidatos a astronautas, a viagem espacial de repente ressurgiu em suas visões. Então ela ficou sabendo que os aviadores dos Fuzileiros Navais dos EUA precisavam ter uma visão 20/20, e a dela, sem correção, era por volta de 20/400 desde que tinha 12 anos. Ela percebeu que esse caminho não seria apenas desafiador — seria impossível. Certamente, foi uma decepção, mas pelo menos deu a ela um insight sobre o que era conquistável em sua carreira.

Nossos sonhos de adultos podem muitas vezes ser diferentes daqueles de nossa infância — são mais contextualizados, e, devido à nossa experiência de vida, temos mais consciência sobre seus requisitos, assim, descartamos alguns que estão além da possibilidade de conquista. Como, por exemplo, o sonho de infância de Angie de um dia se tornar a Madonna. Ser outra pessoa era não apenas irrealista, mas com sua (falta de) habilidade para dançar e cantar, a possibilidade de sucesso era totalmente desanimadora. Hoje, seu melhor sonho é ir aos shows da Madonna em locais diferentes dos EUA, algo que requer intenção, mas que está totalmente dentro de seu alcance.

Queremos que nossos sonhos sejam grandes, é claro, mas também é importante ter maneiras claras de progresso até ales. Imaginar esses pontos de partida o ajudarão a determinar se o caminho à frente valerá a pena.

SONHE. APROPRIE-SE DE SEUS SONHOS. AJA.

Por exemplo, caso sua formação seja em finanças e você trabalha com contabilidade, é possível fazer uma transição para cadeia de suprimentos, se é isso o que lhe interessa. Talvez precise estudar mais um pouco ou pode ser necessário se candidatar para o cargo em sua empresa atual, mas o caminho para sua transição existe. Ou, se quiser dar um tempo em sua carreira durante um ano para se ajustar ao fato de agora ser pai ou mãe, e sua empresa não apresenta opções flexíveis, há outras que o fazem. Encontrá-las é trabalhoso, e é provável que você precise dar um passo atrás, profissionalmente, para achar uma oportunidade, mas o caminho existe.

O momento certo também exerce um papel nos pontos de partida. Talvez receba a oferta de uma promoção que exija muitas viagens, mas você se comprometeu recentemente a cuidar de seus pais, já idosos. Quando suas prioridades e escolhas pessoais parecem limitar seu acesso a um ponto de partida, isso não significa derrota — é apenas um sinal de que esse não é o momento certo, o que dificulta acessar o ponto de partida. Perceber que algo que você quer fazer não é o ideal agora pode inspirá-lo a se planejar para um momento em que terá acesso total ao ponto de partida.

Pergunta 4:
Consegue dar recursos aos seus sonhos?

Todos sabemos o que é ter um sonho de Ferrari com um orçamento de Fusquinha. É importante saber os custos de seus sonhos em medidas de tempo, dinheiro e esforço. Todavia, não permita que uma falta de recursos o desencoraje de seguir seus sonhos. Em vez disso, incorpore a imaginação de caminhos possíveis à frente como parte de sonhar melhor. Ao perceber que está imaginando todas as coisas malucas que poderia fazer para obter aquilo de que precisa de modo a dar passos rumo a um sonho, saberá que está atrás de algo que lhe é significativo e valioso.

Um dos principais motivos pelos quais entramos para os Fuzileiros Navais era obter recursos para nossos estudos. Em retrospecto, achamos engraçado como os empréstimos estudantis nos deixavam tremendo de medo, mas a ideia de colocar nossa vida em risco para servir nosso país, ao mesmo tempo que ganharíamos benefícios para nossa educação, não pareceu ser tão intimidadora. (Isso também explica o quanto valorizamos a aventura e os desafios.)

Parte de sonhar melhor significa planejar um caminho para obter o que você precisa para fazer sua visão dar certo. Pode ser útil permitir que um objetivo permaneça dormente por um tempo. Ao imaginar como daria o primeiro passo, e o seguinte, e todos os outros dez passos após começar sua busca, você começa a vislumbrar formas de criar, encontrar, pegar emprestado, conquistar ou produzir os recursos necessários para transformar seu sonho em realidade. Quando seus sonhos se alinham com seus valores, você encontra maneiras de dar recursos a eles.

Pergunta 5:
O desafio é divertido?

Deixamos a pergunta mais importante por último. Uma grande parte de sonhar melhor trata de trazer mais alegria e satisfação à sua vida. Para que valha a pena apostar em si mesmo, é essencial projetar jornadas que você desfrutará. Dessa forma, quando chegar a hora de *"Abraçar a Merda"* — um de nossos slogans favoritos dos Fuzileiros Navais —, você fará isso com o reconhecimento de que, na verdade, é importante aguentar a adversidade. Além disso, superar o desafio pode ser uma das coisas mais satisfatórias que fazemos na vida.

Assim, ao pensar sobre quais sonhos você gostaria de realizar, imagine com precisão não apenas a glória do sucesso, mas também as armadilhas, os buracos na estrada e os problemas ao longo do caminho. Quando reflete totalmente sobre os objetivos que tem e pode listar e abraçar os desafios que provavelmente encontrará, você se prepara não apenas para perseverar nos momentos difíceis, mas também para trazer leveza e até diversão às provações encontradas na busca do sucesso significativo. É muito mais fácil abraçar a dificuldade que vem com o desafio quando, vencendo ou perdendo, com sucesso ou fracasso, o empreendimento no qual está embarcando lhe permite não repetir os mesmos erros. Com isso, queremos dizer que, mesmo se errar o alvo, pelo menos acabará em um lugar bom.

SONHE. APROPRIE-SE DE SEUS SONHOS. AJA.

RISCOS NA VIDA: A HISTÓRIA DE COURTNEY

Sonhos com o Cume dos Montes Realizados e Reavaliados

Adoro esquiar. Sem dúvidas, é minha atividade favorita. Em minha infância na Costa Leste dos EUA, aprendi a esquiar da melhor forma que pude percorrendo distâncias curtas e com um clima gélido. Na faculdade, minha paixão pelo esporte me levou ao Colorado e a Utah, onde distâncias mais longas, menos pessoas e dias com neve me conduziram a uma paixão ainda mais profunda pelas montanhas. Depois da faculdade, antes de entrar para os Fuzileiros Navais, passei um inverno no Oeste em busca de um sonho de esquiar cem dias em uma única temporada. Durante essa aventura, conheci meu marido, Patrick. Meu amor pelo esqui me levou ao amor da minha vida.

Então, a vida real se estabeleceu. Como Fuzileira Naval, viajei pelo mundo todo, mas longe das pistas de esqui. Quando saí dos Fuzileiros Navais, o desenvolvimento de minha carreira me mantinha mais tempo no escritório do que ao ar livre. Patrick e eu fomos esquiar nas Montanhas Rochosas do Canadá em nossa lua de mel, e isso deu o tom para que o esqui se tornasse nossa atividade de férias durante os anos iniciais do casamento e ao começarmos uma família. Economizávamos para nossas viagens anuais de esqui e investíamos em escolas de esqui para que nossos filhos também começassem a amar o esporte. E compensou, pois não demorou muito até que eles estivessem nos liderando nas descidas pelas montanhas.

Nosso amor eterno pelo esporte chegou ao ápice quando tivemos a oportunidade de esquiar nos Alpes Suíços. Na época, eu estava trabalhando em um projeto de longo prazo na Lead Star com um cliente do Reino Unido, o que tornou essa aventura acessível para nós. Tantos dias ensolarados, tanto tempo familiar e todo aquele ar fresco nos inspirou a sonhar melhor. Adorávamos tanto esquiar, que Patrick e eu não podíamos evitar nos questionar por que não vivíamos em um lugar em que pudéssemos esquiar com a maior frequência possível. Meu trabalho era um grande motivo. Esse projeto acabaria em breve, e teríamos uma escolha: voltar para Richmond, Virginia, ou correr o risco e nos mudar para uma cidade com uma estação de esqui.

Certa noite, quando estávamos na Suíça, Patrick e eu conversamos sobre o quanto amávamos o estilo de vida montanhês. Também nos desafiamos a entender por que ainda não estávamos dispostos a nos comprometer com uma vida em uma cidade com uma estação de esqui. Enquanto dávamos um motivo atrás do outro, gargalhando à medida que contra-atacávamos um ao outro com razões pelas quais não poderíamos, de modo algum, nem mesmo por um minuto a mais, considerar seguir nosso coração, ficou claro que muitos dos motivos que estavam nos impedindo de viver nossos sonhos eram apenas desculpas ou medos. Nossos filhos se deram muito bem com a vida na Europa, muito embora temêssemos levá-los para o exterior. Será que se dariam bem novamente em uma cidade com montanhas? Concordamos em mencionar essa ideia a eles na manhã seguinte.

No dia seguinte, ao nos sentarmos à mesa para o café da manhã, compartilhamos a ideia de nossa possível aventura com nossos três filhos — na época, nossas filhas estavam no ensino fundamental II, e nosso filho, no ensino fundamental I. Mal pudemos destacar os detalhes, e eles já expressaram seu entusiasmo, aos berros. O que parecia um risco enorme para Patrick e eu não era nada de mais para as crianças. Eles estavam totalmente dentro. Claramente, eram os adultos que precisavam desenvolver mais coragem (e fazer um planejamento de especialista).

Passamos o restante da estada da Europa planejando nossa mudança para a região do Lago Tahoe, na Califórnia. Quando chegou a hora de partirmos, todos abraçamos a experiência com ousadia. Embora eu tivesse assumido muitos riscos antes, nesse caso, parecia haver riscos em todas as câmaras de meu caleidoscópio.

Essa decisão levou a muitas experiências fantásticas. Viver em Truckee, uma cidade pitoresca com estação de esqui nas montanhas de Serra Nevada, mostrou-se algo mágico. De esqui cross-country a passeios de mountain bike e caminhadas, a confiança e a habilidade de todos nós aumentaram com as alegrias da vida calma nas montanhas. Nossos filhos aprenderam a percorrer terrenos desafiadores ao mesmo tempo que viam, de forma independente, os benefícios de seguir seu coração para trazer a aventura que desejavam em sua vida.

SONHE. APROPRIE-SE DE SEUS SONHOS. AJA.

Porém, quando a pandemia da COVID chegou, nós — como tantas outras pessoas que conhecíamos — tivemos que avaliar novamente nossa vida e nossas prioridades. Acabamos decidindo voltar ao Leste para estarmos mais próximos da família, algo que não fazíamos havia anos. Também sabíamos que, à medida que nossas filhas estavam perto de iniciar o ensino médio, seria melhor que estivessem inseridas em uma comunidade com uma gama maior de atividades para elas. Foi uma mudança significativa, no entanto, em retrospecto, não tenho nenhum arrependimento.

Patrick e eu sabemos que voltaremos às montanhas novamente em um momento futuro. Isso é sonhar melhor — conhecer as limitações reais em nossa vida, ao mesmo tempo que percebemos que o momento certo é tudo e que outra janela de oportunidade para arriscarmos se abrirá novamente. E quando isso ocorrer, seremos rápidos para estarmos abertos e prontos para a experiência.

APROPRIE-SE DE SUAS AÇÕES

Assim como sonhar é um componente crucial para imaginar uma vida melhor, é necessário se comprometer a agir como se você, e mais ninguém, fosse o único responsável por isso. É preciso se apropriar de seus sonhos.

Quando possui uma coisa, você cuida dela de forma diferente do que se a tivesse alugado. Imagine passar uma noite no hotel: ao sair do quarto, provavelmente deixará as toalhas molhadas no chão do banheiro, a cama desarrumada e algumas embalagens espalhadas pelo cômodo. Se fosse sua casa ou apartamento, isso não seria considerado adequado. Você agiria de forma diferente.

Precisamos encarar nossos sonhos e seus objetivos correspondentes dessa forma. São nossos, e precisamos assumir a posse deles. Ninguém mais cuidará deles como nós deveríamos cuidar — e por que fariam isso? Os outros têm sua própria vida e seus objetivos para si mesmos. Esta é sua vida. São seus sonhos e objetivos, portanto, devem ser mais importantes para você.

Esses objetivos são suas prioridades. Na vida, as coisas que nos importam — nossas prioridades — não devem ficar na sala de espera. Não são uma lista de afazeres para acrescentarmos no calendário do Outlook ou do Google com um simples convite. Nossos objetivos devem sempre ocupar o primeiro lugar em nossa mente, e devemos trabalhar neles constantemente. É assim que a mudança duradoura acontece; é por meio da busca dedicada de pequenas coisas que elas, mais cedo ou mais tarde, se transformam em grandes coisas.

Assim, ao ficar de olho em um sonho que importa, você precisa assumir a responsabilidade total por esse objetivo. Honre-o ao apropriar-se dele. Apropriar-se significa que, em toda a jornada de apostar em si mesmo para alcançar o que estabeleceu fazer, você está buscando assumir a responsabilidade e resistindo ao impulso de culpar coisas ou pessoas por quaisquer barreiras, deslizes ou obstáculos que surgirem. Quando o desafio aparece, nossa reação instintiva pode normalmente nos fazer buscar, fora de nós mesmos, os motivos pelos quais não estamos tendo sucesso:

- Se não recebemos um retorno sobre os currículos que enviamos, é fácil culpar o portal online ou a equipe de recursos humanos da empresa.
- Se não somos aceitos em um programa de pós-graduação no qual nos inscrevemos, é fácil culpar o setor de admissões.
- Se colocamos a casa à venda e não recebemos ofertas, é fácil culpar os corretores.
- Se estamos em conflito constante com um irmão ou irmã, é fácil culpá-lo por como se comporta de maneira frustrante.

Caso se depare com um desafio em sua jornada de *Aposte em Você*, prometemos que o resolverá quando parar de buscar externalidades para justificar a falta de sucesso e começar a buscar internamente como pode se apropriar e agir de maneira diferente, e descobrirá que pode obter um resultado diferente e ver que o sucesso pode chegar muito mais rápido.

RISCOS DE ALEGRIA: A HISTÓRIA DE ANGIE

Assuma a Responsabilidade de se Apropriar e Encontrar a Alegria

Minha experiência nos Fuzileiros Navais dos EUA teve um impacto profundo e duradouro em como vivo e conduzo minha vida. Não apenas vivenciei muitas experiências ótimas enquanto vestia o uniforme, como também aprendi diversos ditados incríveis que servem como guia para minhas ações, sendo que o meu favorito e o que uso com mais frequência é o seguinte:

Você é responsável por tudo que faz e que deixa de fazer.

Não há escapatória — o que acontece sob meus cuidados é minha responsabilidade. Então, se não estou feliz com algo, não tenho outra escolha a não ser reconhecer minha posse da situação e mudá-la. Aplico essa mentalidade de forma muito intensa em meu trabalho, nos meus treinos na academia e na minha vida familiar. Mas se percebeu a categoria desta história, talvez já possa imaginar que não me arrisco muito na busca pela alegria.

Não percebi que essa era uma câmara vazia em minha vida até que ouvi por acaso um dos meus filhos conversando com seu amigo sobre *sua mãe* enquanto os levava de carro para o treino. Os meninos estavam falando sobre o que os pais faziam para se divertir, o que chamou minha atenção, pois parecia um assunto estranho, porém interessante, para dois garotos de 10 anos de idade discutirem. Tenho que admitir que fiquei curiosa com o que meu filho diria sobre mim, então me inclinei para conseguir ouvir.

— Acho que minha mãe não faz nada além de trabalhar o tempo todo — disse ele.

De início, reconheço que fiquei levemente chocada com sua descrição de mim. Quis me intrometer e dizer: *Faço mais do que trabalhar! Eu corro, leio todas as noites antes de dormir, faço seu café da manhã, levo você para a praia e para todos os lugares que quer ir.* Todavia, ao pensar naquilo, me caiu a ficha de que essas atividades não eram realmente para me divertir nem eram algo para mim. Exercito-me diariamente para permanecer física e mentalmente em forma, leio para relaxar e fico honrada em fazer as refeições favoritas para meus filhos e levá-los aonde quiserem ir, mesmo se não tiver nada a ver com minha diversão.

Essa foi a primeira vez que percebi, após um longo período, que havia pouca alegria em minha vida, o que me deixou francamente muito triste por não ter sido mais intencional em ter aqueles momentos leves no quais pudesse sorrir e estar totalmente imersa em um momento que fosse meu tipo de diversão.

Naquela noite, após colocar os meninos para dormir, comecei a pensar sobre essa câmara vazia no caleidoscópio de minha vida. Comecei a escrever os momentos mais felizes de minha vida e não demorei a descobrir que havia alguns temas em comum: música ao vivo, teatro, jantares com amigas e andar de bicicleta (não para treinar, mas como aventura). Ficou aparente que o risco de alegria em minha vida não seria caro, não consumiria tempo nem seria extravagante — só precisava ser intencional, e eu era a única pessoa que poderia fazer isso acontecer.

E como não sou o tipo de pessoa que fica esperando as coisas acontecerem, assumi a posse da situação e comecei a agir. Imediatamente. (Acho que algumas amigas ficaram surpresas ao receberem uma mensagem tão tarde da noite dizendo: *"Vamos sair no Sábado!"* Meu filho mais velho também ficou surpreso, mas de forma diferente, quando acordou na manhã seguinte e descobriu que iríamos para um show do Green Day! Obrigada, Green Day, por ser o tipo de banda que pode unir gerações.)

Uma de minhas amigas mais queridas, a Shannon, tem uma frase genial: *"Oro como se tudo dependesse de Deus, e ajo como se tudo dependesse de mim."* Adoro essa mentalidade. Veja bem, talvez você não ore, mas pode ser que tenha fé, ou que tenha o costume de oferecer seus sonhos e objetivos para o universo, ou talvez tenha intenções sinceras ou fale sem parar sobre o que quer fazer. Independentemente do que faça para expressar seus sonhos ao mundo, ótimo, continue fazendo isso. Porém, para fazer as coisas acontecerem, lembre-se de que se apropriar e agir dependem de você, e só de você. Falando em agir...

AJA

Uma vez que tenha elevado o padrão de como está sonhando e tenha entendido que um viés de ação e de posse responsável são elementos fundamentais do que lhe permite potencializar o risco em prol do sucesso, chegou a hora de compreender a importância da urgência para agir e de fazer isso de maneiras significativas.

Não espere sua vez — você não está na fila do mercado, não é uma faixa lateral na qual espera para acessar uma rodovia e tampouco está fazendo seu pedido de café. É sua vida. É sua vez de agir. Vá em frente.

Alguns dos líderes mais bem conhecidos e inspiradores são pioneiros que não esperaram ninguém lhes pedir para inovar. Eles criaram a demanda para seus talentos. Viram uma oportunidade e a aproveitaram.

Considere J. K. Rowling: e se, em algum momento enquanto escrevia *Harry Potter e a Pedra Filosofal*, ela desistisse por causa de dúvidas internas e deixasse o projeto de lado? Ou se Steve Jobs, após ter fracassado no lançamento do computador Lisa, pendurasse a chuteira de inventor e jurasse que nunca mais inventaria outro produto? Ou se Sara Blakely, criadora da SPANX, após ter feito os protótipos de alguns modeladores, jogasse as mãos para o céu e exclamasse, desconsolada *"Nenhuma mulher comprará isso!"* e parasse de correr atrás de seu sonho?

Por mais difícil que seja, não pense nesses causadores de mudança como os conhecemos agora. Pense neles como eram antes. Antes de terem encontrado o sucesso. Não é difícil imaginar que essas pessoas lutaram para dar uma chance para si mesmas em algum momento, certo? Ou que, uma vez que começaram sua jornada, elas questionaram se estavam na direção certa ou se seu tempo era realmente bem empregado ao buscarem seu sonho. O que teria acontecido se tivessem parado?

Nós entendemos: é difícil separar esses líderes de seus sucessos. Pode ser ainda mais difícil se identificar pessoalmente com eles. No entanto, em algum momento do passado não tão distante, eles começaram assim como nós — pessoas comuns com sonhos e que encontraram coragem, convicção, confiança e resiliência para ir em frente, apesar dos obstáculos que apareceram. Eles encararam riscos, muitos dos quais valeram a pena de formas muito inesperadas e surpreendentes.

Por que essa também não pode ser sua história?

O sucesso requer sonhos, apropriar-se, iniciativa e ação. No instante em que age, você se coloca em uma posição para que seja melhor para si mesmo e, por sua vez, mais forte para os outros. Pense em todas as responsabilidades que tem na vida: com a família, com as equipes e organizações das quais participa, com amigos. Primeiro, você deve aprender como dar passos para contribuir e realizar. Depois, quando for mestre na arte de assumir riscos, dar chances e se apropriar dos momentos que importam, poderá seguir em frente e começar a empoderar, apoiar e servir outros ainda melhor.

BUSQUE O DESCONFORTO

Uma maneira simples de garantir que não se perderá em seus sonhos e deixará passar a oportunidade de se apropriar de seu futuro ao não agir é "buscar o desconforto" consistentemente na vida. Por *desconforto* nos referimos a rotineiramente se colocar em posições que lhe dão medo... só um pouquinho. Nesses momentos, não tenha medo do desconforto. Além disso, você não é Ícaro. Suas asas não se queimarão quando voar próximo demais do Sol. Para meros mortais como nós, o desconforto aumenta nossa velocidade. É algo bom.

As experiências desconfortáveis são os projetos, as funções ou até mesmo os esforços voluntários para satisfazer as seguintes condições — quanto mais, melhor:

- Uma primeira experiência.
- Os resultados importam.
- Há uma chance de sucesso ou de fracasso.
- Pessoas importantes estão observando (às vezes é um amigo ou um parceiro de responsabilização).
- É incômodo.[2]

Quando identificamos as experiências desconfortáveis que nos importam e temos a coragem de aproveitar tais oportunidades, o crescimento é a recompensa. Quanto mais buscamos o desconforto, melhor nos tornamos em vencer com risco. (E nos sentimos mais confortáveis com o desconforto também.) Começamos a buscar o risco de forma consistente. As recompensas significativas também virão de modo consistente.

Sonhe melhor. Pratique a responsabilização implacável. E, então, continue se ajustando e aproveitando as oportunidades de apostar em si mesmo.

COLOCANDO EM PRÁTICA

- Escreva os sonhos que lhe importam. Use a estratégia do caleidoscópio para criar objetivos que se conectam com cada câmara respectiva e que sejam congruentes com seus valores.
- Pratique vencer seu instinto de culpar algo ou alguém quando as coisas não saem como esperava. Quando se sentir frustrado pelas externalidades, volte o foco para si mesmo. Desafie-se com o que pode fazer de forma diferente e melhor.
- Identifique suas restrições/limites. Após identificar as barreiras, empodere-se com a liberdade para fazer as mudanças necessárias para superar os obstáculos.
- Busque o desconforto. Crie uma lista de como são esses momentos em seu mundo e tenha a intenção de descobrir oportunidades que pode aproveitar e que o ajudarão a se esforçar e crescer.
- Não espere pelo alinhamento do Sol, da Lua e das estrelas para começar a agir. Desenvolva seu viés para a ação, um movimento de cada vez.

Capítulo Quatro

ESCOLHA SEUS GUIAS

"Estamos aqui por um motivo. Acredito que parte do motivo é lançar pequenas tochas por aí para ajudar as pessoas que estão no escuro."

— Whoopi Goldberg

EM RESUMO

Este capítulo fala sobre o reconhecimento de que as jornadas de sucesso não são completadas se você está sozinho e como identificar e encontrar os guias certos no momento certo.

PARA REFLETIR

Além de seu talento, a qualidade de quem o guia é o que garante que seu caminho de correr riscos será o mais eficiente e inspirador possível. Os guias aceleram seu sucesso.

É importante ser seletivo quanto a quem você permite influenciá-lo. Busque guias confiáveis que já tiveram sucesso ao assumir riscos parecidos ao que está contemplando.

Reconheça que alguns guias só estarão em sua vida por certo tempo ou por um motivo. Seja intencional quanto a desenvolver relacionamentos que expressem o propósito de ajudá-lo a aumentar sua confiança e saber como fazer apostas em si mesmo.

Não seria incrível se aparecesse alguém à porta de sua casa, sem avisar, e dissesse "*Ei, sei o que você quer e estou aqui para lhe mostrar o caminho que pode trilhar para conseguir*"?

Sabemos que isso acontece o tempo todo em livros e filmes. A Srta. Stein, personagem que interpreta uma editora de livros sem noção no filme *Histórias Cruzadas*, fez isso por Eugenia "Skeeter"* Phelan quando lhe disse: "*Escreva sobre o que lhe perturba, especialmente se isso não incomoda mais ninguém.*" Foi o que Skeeter fez, e isso a levou a uma carreira que desejava havia muito tempo, mas sentia-se desafiada para tentar. Chester Copperport, o falecido caçador de tesouros no filme *Os Goonies*, cumpriu esse papel, visto que suas pesquisas e seus mapas históricos levaram o grupo ao tesouro escondido que salvaria a casa de seus pais.

Pois bem, sabemos que está muito claro que nossa vida não é uma história de ficção cuidadosamente construída em que as pessoas certas aparecem no momento certo para nos dar as informações certas que podemos usar imediatamente. Mas há pessoas, recursos e locais com informações prontamente disponíveis a você que podem servir como seus guias, ajudando-o a se aventurar em sua jornada de riscos com mais confiança, habilidade e facilidade.

Eric Schmidt, ex-CEO do Google, desempenhou tal papel para Sheryl Sandberg, que é bem conhecida por ter dito que é "*avessa a obstáculos*" quando recebeu uma oferta de trabalho quando o Google estava em seus estágios iniciais. Na época, ela estava analisando duas ofertas de emprego, uma com o Google — a que a empolgava, embora o trabalho parecesse um pouco vago — e uma com outra empresa. O conselho de Eric para ela foi: "*Quando lhe oferecem um assento em uma nave espacial, você não deve perguntar 'Qual assento?', mas embarcar sem hesitações.*" Ela seguiu seu conselho e, bem, o resto é história.

Por favor, observe que estamos dizendo "guias", e não apenas *um guia*. É extremamente duvidoso que haverá um mago *à la* Gandalf que aparecerá e lhe colocará no caminho para alcançar seu mais pleno potencial. Seus

---

* Skeeter, o apelido da personagem, é também um trocadilho, pois significa "mosquito" em inglês. [N. do T.]

ESCOLHA SEUS GUIAS

guias serão mais um grupo de pessoas que você atrairá deliberadamente para ajudar a apoiá-lo e direcioná-lo:

- Um influenciador digital que o ajuda a vislumbrar uma forma mais fácil de correr atrás de seu sonho.
- Um empresário líder em sua comunidade que está fazendo o que você quer fazer (com o potencial de ajudá-lo).
- Um instrutor de academia que "fala a sua língua" e que o inspira a repelir suas dúvidas internas.
- Um autor que lhe dá truques e atalhos para realizar as coisas... mais rápido.
- Um coach que economiza seu tempo ao apontar possíveis armadilhas em sua jornada.
- Um amigo que lhe diz a verdade sem filtros, mas com amor e respeito.
- Seu chefe, que vê muito potencial em você e que é seu verdadeiro defensor.

Veja, a maioria dessas pessoas e recursos não lhe será servida em uma bandeja de prata. Sua tarefa é encontrá-los (ou reconhecer onde já estão em sua vida) e ser intencional sobre como se conecta e engaja com eles. Além de seu talento, a qualidade de quem o guia é o que garante que sua jornada de riscos será o mais eficiente e inspiradora possível. Não há como destacarmos ainda mais a importância dos guias. Precisamos deles. Há bem poucas coisas na vida que podemos conquistar sozinhos.

RISCOS NA VIDA: A HISTÓRIA DE COURTNEY

A Sessão de Aprendizado Rápido

Sei que não sou a única mãe que fica pensando em maneiras de fazer meus filhos saírem do celular ao inventar atividades "divertidas" que podemos realizar juntos. As aspas são intencionais. Tenho três filhos, então o que acho divertido pode não ser visto assim por todos eles... ou, pelo menos, não por todos ao mesmo tempo. Houve uma vez na história recente, no entanto, em que eu tive certeza de que tinha escolhido *a* atividade. Faríamos um passeio autoguiado de rafting.

Patrick e eu tínhamos certa experiência no esporte, então conhecíamos tudo que estava envolvido. E saber que o percurso era em um rio local com apenas corredeiras menores, de classe II, reassegurou-me de que tínhamos o necessário para levar nossa família nessa aventura.

O dia do rafting chegou, e todos nós nos preparamos e entramos no bote. Dentro de minutos, Patrick e eu percebemos que saber como fazer algo enquanto tentamos ensinar nossos filhos a fazê-lo não é tão fácil quanto esperávamos. Estávamos indo bem nas partes tranquilas do rio. Contudo, quando as corredeiras começaram, nossa falta de habilidade ficou exposta. Quando me dei conta, nossa filha Jessica foi lançada do bote para uma área rochosa com corredeiras. Kara, sua irmã e forte nadadora, saltou para ajudá-la. Ambas perceberam rapidamente que a correnteza era muito mais forte do que aparentava, e então Patrick saltou para resgatá-las. Felizmente, havia um guia com um grupo nas proximidades que ajudou a dar instruções importantes e rápidas para que pudessem retornar ao bote que meu filho e eu controlávamos em meio às rochas.

Embora Patrick e eu de modo algum achássemos que alguém estivesse em perigo iminente naquela queda, percebemos que havíamos assumido um risco tolo ao tentar nos autoguiar fora de nossa zona de experiência e expertise. E o incidente havia claramente abalado a confiança de minhas filhas. Já no carro, quando voltávamos para casa, perguntei se gostariam de sair novamente em breve, quem sabe em uma excursão diferente dali a algumas semanas. Elas responderam que, embora tivessem se divertido, certamente não gostariam de entrar em um bote de rafting tão cedo.

Veja bem, qualquer um que me conhece sabe que sou uma nerd de liderança e que vejo lições disso em tudo que faço. Naturalmente, fazer rafting nas corredeiras é algo rico em metáforas de liderança e de lições de vida que eu poderia extrair. Sabia que, embora essa experiência tenha abalado a confiança de minhas filhas, sem uma experiência

ESCOLHA SEUS GUIAS

positiva, talvez elas nunca mais quisessem tentar novamente. Desta forma, eu sabia o que precisava fazer para resgatar sua confiança: teria que planejar outro passeio.

Na nova aventura, no entanto, apliquei algumas das lições que aprendi com a experiência anterior. Agora que sabia que Patrick e eu não tínhamos a habilidade suficiente para conduzir nosso grupo em segurança, buscamos uma empresa de rafting que oferecia um guia. Precisávamos de um profissional.

Esse segundo passeio começou de forma diferente do que o anterior; tivemos instruções muito mais detalhadas de segurança do que as que Patrick e eu havíamos oferecido. O guia tirou um tempo para responder perguntas, aliviar preocupações e nos orientou sobre possíveis cenários, para que todos soubéssemos o que teríamos de fazer caso nos deparássemos com qualquer problema. Ao longo de suas instruções sobre segurança, ele também foi divertido e entusiasmado, e percebi meus filhos entrando nesse clima. Seu espírito estabeleceu o melhor tom para nosso passeio.

Ao começarmos a aventura, sabíamos que as águas seriam mais desafiadoras do que anteriormente; haveria múltiplas corredeiras de classe V. Mas à medida que continuávamos e navegávamos cuidadosamente entre as rochas, não percebi estresse nem pânico; ouvi risadas e vi rostos sorridentes enquanto a confiança de todos em sua experiência aumentava.

O segundo passeio foi mais longo, desafiador e muito mais técnico do que o anterior. Contudo, com nosso guia, terminamos mais rápido e com mais habilidade e facilidade. O melhor foi que meus filhos permaneceram dentro do bote durante todo o passeio (eu, por outro lado, fui arremessada uma ou duas vezes para fora, mas isso só aumentou a aventura). Quando terminamos, meus filhos imploraram por mais.

Sendo mãe, certamente me senti mais aliviada por ter concluído a missão — todos se divertiram! O mais importante: foi um lembrete valioso de que, quando o assunto é acelerar o sucesso, não há substituto para um guia entendido e confiável.

OS GUIAS ACELERAM O SUCESSO

Quando estávamos aprendendo a nos tornar oficiais dos Fuzileiros Navais, passávamos muito tempo desenvolvendo nossas habilidades de navegação com um mapa e uma bússola enquanto aprendíamos as bases de como liderar um pelotão em combate. Sabíamos que um dia haveria o potencial de estarmos em circunstâncias em que um helicóptero nos deixaria em um território desconhecido e que teríamos que movimentar nossa equipe do ponto A para o ponto B usando ferramentas simples de navegação. Claro, poderíamos usar o GPS para nos ajudar, mas talvez houvesse locais em que a tecnologia não estaria disponível. Nessas condições, precisaríamos estar preparadas para usar a boa e velha maneira de nos movimentar em qualquer terreno (mata, ruas da cidade, desertos).

Fomos relembradas também de que, quando nos deixam em uma área desconhecida sem ferramentas de navegação, ocorre um fenômeno interessante. A natureza humana toma a frente, e normalmente você acaba caminhando em círculos, indo a lugar nenhum e não apenas desperdiçando tempo e esforço, mas potencialmente arriscando as vidas de sua equipe. Você poderia dizer que, sem um mapa e uma bússola, é como caminhar no estacionamento de um shopping movimentado após perceber que se esqueceu de onde estacionou — desorientado e sem ir a lugar algum de forma rápida.

É importante pensar nos guias — também conhecidos como a versão viva de um mapa e bússola — dessa forma também. Eles são como técnicos, dando-nos instruções que nos permitem sermos nosso melhor. Quando buscamos aumentar nossa habilidade de apostar em nós mesmos e de incorporar o risco diariamente em nossa vida, sem os guias, podemos acabar ficando bem atarefados, mas sem seguir em frente, ou perambulando sem rumo em um caminho que não nos leva ao destino que buscamos. Lembre-se: o movimento nem sempre é igual ao progresso. As orientações de líderes confiáveis podem garantir que nossos esforços levem a resultados.

É importante que você reconheça que alguém — que talvez conheça ou a quem, pelo menos, tenha acesso — pode ter exatamente o conhecimento fundamental para ajudá-lo a realizar mais e a iluminá-lo e inspirá-lo. Apostar em si mesmo se torna mais agradável, eficiente e até mais seguro quando você reúne a equipe certa de guias. Eles podem até mesmo garantir que você não desperdiçará um de seus recursos mais valiosos: seu tempo.

Como coaches de liderança, sabemos que, quando os clientes se engajam conosco, estão buscando aproveitar nossas experiências para que possam minimizar os erros e antecipar os desafios, ao passo que pegam a rota mais rápida possível para onde querem ir. Eles sabem que somos líderes experientes e que já percorremos as rotas, orientando outros ao longo de seus caminhos. Eles nos chamam tanto para desafiá-los como para apoiá-los. Juntos, criamos estratégias novas que lhes permitem potencializar suas forças, seus mercados e suas oportunidades de forma mais rápida e eficiente. Acreditamos que nossa prioridade como guias seja acelerar o sucesso dos outros e destacar as lições advindas de experiências bem navegadas.

Pois bem, há uma quantidade gigantesca de recursos disponível para ajudar você em seus objetivos pessoais e profissionais. De fato, YouTube, Pinterest, LinkedIn e similares são portais maravilhosos e gloriosos que podem ensinar, iluminar e informar. Todavia, uma nota de precaução: normalmente, as informações apresentam muitos detalhes superficiais que podem não servir para suas circunstâncias singulares, como estas alegações dignas de clickbait:

CINCO PASSOS SIMPLES PARA TRANSFORMAR SUA VIDA

Passo 1: Decida mudar

Passo 2: Mude

Passo 3: Aprecie a mudança

Passo 4: Crie mais mudanças

Passo 5: Perceba seu sucesso

Acredite, se a transformação pessoal fosse tão fácil assim, todos nós estaríamos fazendo isso!

O material disponível na internet também é produzido para ser vendido. Embora muita coisa trará informação e inspiração, você não terá feedback, ninguém o ouvirá falando sobre seus desafios nem lhe dará orientações customizadas sobre como avançar. Apenas as pessoas podem fazer isso, sendo esse o motivo pelo qual é de seu melhor interesse cultivar relacionamentos, para que, quando precisar de apoio, tenha alguém ao seu lado.

O Fator da Credibilidade

Quando considera convidar outros para sua vida de modo a ajudá-lo a progredir, queremos que seja muito seletivo sobre quem permitirá influenciá-lo. Você está abraçando o risco, o que não é uma habilidade com a qual muitos se sentem confortáveis. Daí, a orientação que você busca, comparada com aquela que pode receber sem ter solicitado de qualquer um ao seu redor, é específica e útil e lhe permite seguir em frente. Temos alguns critérios que podem ajudá-lo a escolher sabiamente seus guias.

Eles Já Passaram por Isso

Basicamente, eles devem ter credibilidade na área na qual você está buscando apoio. Caso seja novo na diretoria de uma organização sem fins lucrativos para a qual acabou de ser selecionado, é melhor encontrar alguém com experiência em diretoria para ajudá-lo a entender como se preparar para a função e o que esperar de sua primeira reunião. Ou, caso esteja buscando começar em uma nova função em outra empresa, além de analisar as avaliações online (que podem ser úteis, *bem como* um lugar para funcionários insatisfeitos se reunirem e desabafar), tente se conectar com alguém que trabalhou na organização. Se não conhece ninguém diretamente, acesse o LinkedIn, avalie a página da empresa e analise se gosta do que vê, além de avaliar como pode se conectar com aqueles que trabalham lá. O segredo é buscar outras pessoas que têm experiências relevantes que podem ajudá-lo a obter a perspectiva de que precisa para tomar decisões informadas.

Você saberá se alguém é confiável seguindo estes critérios:

- Ele tem experiência na atividade que você tem interesse em realizar.
- Ele teve sucesso ao buscar esse caminho.

- Você respeita seu critério e sua opinião.
- Ele está aberto a compartilhar insights com você.

É impossível destacarmos o suficiente o quanto a credibilidade é importante — principalmente porque há inúmeras pessoas em nossos círculos que talvez não tenham a experiência nas áreas que estamos buscando progredir, mas que, ainda assim, estão mais do que dispostas a nos dar suas opiniões. Isso é especialmente verdade quando estamos no meio de uma transição, perante uma encruzilhada, ou até quando estamos prestes a alcançar um marco importante. Pense sobre os pontos fundamentais em sua vida — concluir um treinamento, casar-se, mudar de carreira, considerar mudar de cidade ou país. Consegue se lembrar de quantas opiniões você recebeu sem ter pedido nenhuma? Um monte, certo?

Veja bem, essas pessoas podem ter ótimas intenções. Temos certeza de que sua irmã quer o seu melhor quando lhe diz que não acha ser uma boa ideia se candidatar para a diretoria da escola. E também que seu amigo, que continua lhe enviando links de notícias sobre investimentos que não deram certo, ainda está genuinamente preocupado com você. Não estamos dizendo para ignorar as pessoas; apenas tenha cuidado com o peso que dá para suas opiniões. Embora devamos tomar cuidado com as opiniões contrárias de fontes não confiáveis, seu objetivo é continuar a desenvolver sua confiança em seu próprio critério para que possa receber conselhos como esses e arquivá-los na pasta "informações". As informações são apenas isso — não são diretivas.

O MOMENTO E O MOTIVO DOS GUIAS

Há sempre um momento e um motivo para os guias em nossa vida. Ao trabalhar para potencializar o risco em busca de sucessos maiores, quando refletir sobre seus sonhos — e o caleidoscópio que desenvolveu para si mesmo —, separe um tempo para fazer uma auditoria sobre de qual tipo de ajuda precisa para avançar. Às vezes as respostas serão óbvias — por exemplo, você quer abrir uma empresa e pode se beneficiar muito de uma conversa com um advogado sobre como organizar uma pessoa jurídica, considerando os impostos. Outras vezes, não serão; talvez você tenha chegado a uma rua sem saída e não sabe para onde ir, pois não tem certeza de que tipo de apoio precisa. Há circunstâncias em que talvez precise das orientações gerais oferecidas por um mentor, ou por mentores, que podem propor perguntas realmente ótimas para ajudá-lo a sair do lugar.

Queremos ressaltar que, para você, o melhor guia no momento certo terá um talento para fazer perguntas úteis. Durante os momentos em sua vida quando se sente inseguro sobre o que quer, isso não é algo que outra pessoa pode resolver. Um ótimo guia não lhe dirá o que você deve fazer; ele ou ela o levará a pensar sobre o que quer fazer e lhe apresentará reflexões para ajudá-lo a descobrir sozinho a resposta à essa pergunta.

O guia certo:

- Iluminará, e não determinará o caminho para nós.
- Reforçará, e não ditará nossa opinião.
- Nos empoderará, e não nos habilitará.
- Inspirará, e não diminuirá nossa confiança.
- Desafiará nosso pensamento para nos ajudar a progredir, e não a regredir.

Naturalmente, com esses critérios, e conforme você obtém os presentes de seus guias, seu relacionamento mudará com o passar do tempo. É como seu relacionamento com seus pais: a certa altura, você dependia deles para sobreviver e, depois, para ter recursos. Mais tarde, seu relacionamento evoluiu quando se tornou independente deles. Alguém que outrora lhe foi um guia confiável talvez se torne mais um colega ou amigo à medida que você cresce e se desenvolve. Ou essa pessoa pode ir saindo de sua vida. Isso é normal e esperado conforme você inicia novas eras de sucesso. Podemos nos relembrar de diversas pessoas que foram guias cruciais para nós bem no momento certo, e embora não estejam mais em nossa vida, continuamos gratas por seu apoio e sua sabedoria.

Assim, a próxima pergunta deve estar bem óbvia: onde você pode encontrar guias valiosos?

Os Três Grandes

Em sua situação atual, talvez não tenha sido intencional em desenvolver relacionamentos com o propósito expresso de ajudá-lo a desenvolver a confiança e o conhecimento para fazer apostas em si mesmo. Tudo bem — nunca é tarde demais para começar. Acreditamos firmemente que você precisa dos "Três Grandes" em sua vida para ajudá-lo a ganhar informações e inspiração em sua jornada de riscos:

- Campeões: pessoas que têm mais insight, experiência e conhecimento do que você sobre uma área específica e que são acessíveis.
- Veteranos: líderes de pensamento que compartilham com você seu conhecimento e/ou novas formas de pensar (mas você não conversa individualmente com eles).
- Não Escolhidos: pessoas que estão principalmente em seu círculo imediato não por escolha (como família ou colegas de trabalho), mas que, ainda assim, o circundam e cuja orientação vai de útil a inútil.

Vamos explorar como encontrar, convidar ou, no caso dos Não Escolhidos, gerenciar essas pessoas em nossa vida.

RISCOS NA CARREIRA: A HISTÓRIA DA ANGIE

Encontrando e Servindo Seus Campeões

— "Quem é você?" — perguntou-me meu amigo John certo dia quando eu estava contando novamente uma história sobre uma reunião interessante.

John e eu nos conhecemos quando tínhamos 20 e poucos anos, então ele sabia exatamente quem eu era. O que ele questionava, no entanto, era como eu — uma garota da minúscula cidade de Kalkaska, no Michigan — havia conseguido uma reunião no Pentágono na semana anterior com o oficial de patente mais alta na marinha dos EUA para lhe dar insights sobre a programação de desenvolvimento de liderança. John também havia sido um fuzileiro naval; ele sabia que os convites para esse tido de liderança não aconteciam ao acaso. Foi necessária uma apresentação interna para conseguir um passe VIP para o Pentágono. Ele estava impressionado, e sua pergunta foi feita a partir de sua curiosidade para entender como havia conseguido isso.

Minha resposta curta foi dada com um sorriso a John:

— Sou mestre em fazer contatos.

Estava brincando, é claro. Não sei se minhas habilidades nessa área são tão altas assim. Mas a resposta detalhada, que é mais valiosa para você em sua jornada para descobrir campeões, é que amo as pessoas e sou insanamente interessada por suas histórias e seus sucessos. Veja, sempre que conheço alguém, independentemente de seu trabalho ou de sua titulação, uso uma abordagem simples que tem sido incrivelmente valiosa para mim em minha jornada:

- Faço mais perguntas do que respondo.
- Ouço e aprendo com suas histórias.
- Ofereço apoio quando possível.

Essa última é fundamental. Um relacionamento envolve duas pessoas. Para que dê certo, é importante perceber que talvez você não tenha algo imediato para oferecer a alguém, mas haverá momentos em que poderá ajudar. Sempre, mas sempre mesmo, esteja disposto a ajudar quando houver uma necessidade.

Nem sempre iniciei nesse nível de engajamento. Cresci sendo dolorosamente tímida. Minha mãe sempre foi minha maior fonte de encorajamento e conselho sobre como me engajar com aqueles ao meu redor. Quando estava no ensino médio, consegui um trabalho como babá com uma família extremamente rica de uma cidadezinha próxima — estamos falando de riqueza geracional aqui. Sério, eles usavam Rolex. O valor de seus relógios era maior do que o salário anual de alguns dos pais de meus amigos. Depois de alguns dias trabalhando com a família, confessei à minha mãe que me sentia muito desconfortável conversando com os pais, pois nossa vida era muito diferente.

ESCOLHA SEUS GUIAS

Minha mãe compartilhou comigo que, se eu não soubesse o que dizer, deveria pedir que me dissessem sobre sua vida. *"Angie, as pessoas adoram falar sobre si mesmas. São como quebra-cabeças — e você gosta disso. Faça perguntas que a ajudarão a entendê-los melhor."* Foi um ótimo conselho, do qual, desde então, venho fazendo um ótimo uso vez após vez.

Uma série de perguntas abertas abre as portas para a jornada de vida dos outros, revelando seus processos de pensamento em momentos cruciais da vida. Percebi que aprendo mais sobre a vida, em geral, por meio desse tipo de engajamento do que se a conversa fosse ao contrário — os outros passando tempo para aprender sobre mim e me fazendo perguntas. Afinal, já me conheço..., mas não conheço os outros. É aqui que os relacionamentos tradicionais de mentoria, para mim, não funcionam em seu potencial máximo.

Prefiro a palavra *campeão* a *mentor*, pois mentoria é normalmente apresentada como tendo apenas um pedido unilateral de *"Por favor, me ajude!"*, que coloca quem recebe a mentoria sob o holofote. Gosto de inverter isso. Embora esteja sempre buscando conselhos e orientações, também conhecidos como "ajuda", coloco o holofote no meu campeão e descubro as informações de que preciso ao aprender sobre a jornada dele. Além disso, quando você pede às pessoas para que sejam suas mentoras assim do nada, às vezes pode parecer formal demais para alguém que você acabou de conhecer. Por outro lado, se pedir a elas que compartilhem sua jornada, esse relacionamento passa a ser casual e informal — é fácil, e, se o santo bater, então será um relacionamento campeão.

E é exatamente assim que acabei indo ao Pentágono. Havia servido em uma diretoria com um líder incrível chamado Richard V. Spencer, que viria a se tornar o secretário da Marinha dos EUA. Ele não apenas havia sido um fuzileiro naval, mas também tinha uma sequência de sucessos empresariais. À medida que descobria mais sobre sua carreira, sabia que também aprenderia com sua experiência. Lembro-me de ter perguntado a ele se eu poderia entrar em contato de vez em quando para fazer perguntas relacionadas aos negócios. Não queria atrapalhá-lo, visto que ele é um homem muito ocupado, então tive cuidado com as perguntas que lhe fazia. Até que a situação inevitável surgiu em que seu conselho seria importante para mim, e então marcamos um bate-papo.

Para seu crédito, Richard não me decepcionou. Ele me disse o que eu precisava ouvir, o que não era precisamente o que queria ouvir, mas esse é o valor de um campeão. Quando estávamos terminando, agradeci-o profusamente por tudo que me havia concedido para considerar. Antes de nos despedirmos, ofereci:

— Há algo em que posso ajudá-lo?

Fiquei positivamente surpresa quando respondeu:

— Sim.

Ele estava trabalhando para ajudar a marinha a reinventar o desenvolvimento pessoal e queria saber se eu aceitaria me reunir com o chefe de operações navais, o oficial com a patente mais alta na organização — um almirante quatro estrelas —, para falar sobre tendências no aprendizado e no desenvolvimento. Casualmente, respondi que *"sim"*, embora estivesse eufórica internamente pela oportunidade em ajudar a marinha nesse nível.

FAÇA O PEDIDO

Desenvolver relacionamentos com pessoas interessantes traz reviravoltas e mudanças surpreendentes e agradáveis à sua vida. Quando começar a descobrir como as jornadas de outras pessoas podem agregar valor à sua, saiba que, para abrir a porta dessa oportunidade, tudo que precisa é fazer uma coisa simples: *pedir*.

À medida que busca identificar pessoas com orientações e insights que podem ajudá-lo a progredir em sua jornada de *Aposte em Você*, sabemos que a coragem inicial para pedir que elas lhe dediquem tempo pode parecer intimidadora. Queremos ajudar a aliviar isso com o seguinte raciocínio: e se alguém se aproximasse de você e dissesse *"Você tem uma história incrível. Seria muito incômodo se conversássemos por quinze ou vinte minutinhos para que eu possa aprender com você?"* Isso não o faria se sentir honrado? Não seria algo lisonjeiro? Você provavelmente não diria "sim"?

É isso que queremos ressaltar. Sua curiosidade sincera com relação a outra pessoa é sua maneira de demonstrar que respeita o sucesso dela e que a valoriza. A maioria das pessoas se sentiria honrada em compartilhar suas histórias com você. E se não quiserem? Talvez sejam ocupadas demais ou não sejam muito sociáveis, o que significa que não seriam a melhor opção de um possível campeão. Se disserem "não", isso não quer dizer que estão rejeitando você. Não á nada pessoal. Então, não permita que um "não" jogue um balde de água fria em seus pedidos futuros. Continue a pedir e a desenvolver relacionamentos para que possa obter a inspiração e o insight certos para sua jornada.

VETERANOS

Assim como precisamos de mentores em nosso mundo para termos acesso à sabedoria e à orientação, também precisamos de fontes consistentes de combustível para a mente e de inspiração para iluminar novas formas de pensamento, compartilhar truques de vida e fornecer uma fonte contínua de inspiração em nossa jornada.

Precisamos dos Veteranos — pessoas que têm uma plataforma a partir da qual podem falar e alcançar as multidões — para nos incluir e ajudar a criar comunidade. A comunidade é o segredo. Caso esteja tentando experienciar algo novo, é sempre interessante ouvir outras pessoas do mundo todo que pensam como você e que estão desbravando novas áreas também. Afinal, quem está em seu círculo talvez não esteja no processo de desenvolvimento, como você está — talvez essas pessoas não saibam como apoiá-lo. Mas há outras que sabem. Os Veteranos são valiosos, pois promovem o diálogo. E a comunidade que criam pode ser ainda melhor, porque trazem vida às mensagens do líder de pensamento.

Há diversos tipos de Veteranos que criam comunidade:

- Autores e pesquisadores.
- Influenciadores da internet.
- Palestrantes.

- Podcasters.
- Personalidades da mídia.
- Líderes espirituais ou de fé.
- Artistas.
- Instrutores de academia, personalidades de estilo de vida e outros gurus especialistas.

Essa turma, também conhecida como a Seleção de Gurus, precisa estar presente em nossa vida de forma consistente para que possamos continuar inspirados e comprometidos com nosso sucesso. No entanto, depende de nós torná-los presentes, e isso é feito ao nos engajarmos com eles por meios diferentes — assinando suas newsletters, ouvindo seus podcasts ou audiolivros, engajando-se com sua comunidade socialmente, fazendo suas master classes ou "andando de bicicleta" com eles no Peloton.

Da mesma forma que com os campeões, ou com os guias em geral, não temos apenas um Veterano em nossa vida, mas uma variedade deles, para propósitos diferentes. Suas ideias, quando são apresentadas consistentemente à nossa vida, nos ajudam a manter a visão que temos para nós mesmos em um patamar mais alto. Sejamos sinceros, a vida pode ser chata. Quando buscamos mudar, o *status quo* tem uma pegada poderosa, pois é confortável. Sermos lembrados rotineiramente de que temos aspirações para nós mesmos que existem além do cotidiano pode ser um chamado a continuarmos buscando o melhor que vislumbramos.

LOCALIZE A INTERSECÇÃO DO QUE É INTERESSANTE E DO QUE É VALIOSO

A melhor forma de encontrar o Veterano certo para você é, em primeiro lugar, descobrir o que lhe é mais interessante e que tipo de informação pode lhe ser valiosa. Nessa intersecção, você encontrará a oportunidade a ser explorada. Uma vez que passou pelo portal de acesso aos Veteranos por meio de livros e da multimídia, a ideia é manter as influências e mensagens positivas que lhe são relevantes presentes em sua vida, para que sua inspiração permaneça alta. E a melhor parte disso é que os Veteranos vêm até você em sua linha do tempo.

ESCOLHA SEUS GUIAS

Nossa amiga Cara é controladora em uma empresa enorme de petróleo e gás. Não é incomum para ela trabalhar dez ou mais horas por dia; acrescente a isso o fato de que ela tem uma família grande, não ficando com muito tempo de sobra. Todavia, ela ainda consegue abrir espaço em sua agenda para sua inspiração pessoal. Quando acorda pela manhã, ela não vai mais correndo ver suas mensagens no celular — ela deixou esse hábito e começou a ouvir meditações de respiração guiadas com um instrutor on-line. Nos trinta minutos até o trabalho, ela fica em silêncio ou vai ouvindo um audiolivro, e segue alguns influenciadores de estilo de vida. Durante o almoço, ela faz uma pausa para caminhar, que é quando ouve a um podcast em seus fones. Essas rotinas permitem que ela abasteça sua mente com conteúdos selecionados de forma deliberada a cada dia.

Ela conta que, antes de começar essa prática de inspiração, havia uma variedade de programas de notícias preenchendo sua mente, o que a deixava ansiosa e brava com alguém ou com algo. Ela reconheceu isso certo dia após uma discussão acalorada com um colega logo pela manhã. Quando voltou ao seu escritório, percebeu que surtar assim não representava quem realmente era e que não estava sendo a pessoa que queria ser. Ela reconheceu que a fonte de sua ansiedade eram as notícias gritantes e negativas que focavam o confronto, e sabia que precisava fazer algo a respeito.

Ao trocar de mídia, ela mudou o jogo a seu favor. Com suas aspirações reabastecidas, teve a coragem de assumir mais responsabilidades no trabalho, de visar oportunidades de promoção e de incutir um tom diferente para sua equipe (ela lidera um grupo de 140 pessoas). Ela também deu início a uma série de aprendizado e desenvolvimento sobre os livros que ouve para fomentar o crescimento de sua equipe. Ela sabe que a presença consistente dos Veteranos em sua vida inspirou sua expansão; ela também pode atestar que apresentar essa turma aos seus colegas causou uma influência positiva em seu ambiente de trabalho.

A oportunidade para todos nós é começarmos, em algum lugar, e convidarmos os Veteranos sob nossas condições, criando hábitos em torno de uma presença constante e inspiradora em nossa vida para nos elevar, enquanto permanecemos comprometidos com os objetivos e as aspirações que temos para nós mesmos.

NÃO ESCOLHIDOS

A última categoria de pessoas que temos em nossa vida é a dos Não Escolhidos. São os homens e as mulheres que nos foram predeterminados (família) ou que simplesmente fazem parte de nossa vida. Muitos são pessoas incríveis e maravilhosas cujo amor e apoio são fundamentais à nossa felicidade. Porém, sendo sinceras, alguns nem sempre são o melhor para nós. Não que sejam pessoas más; elas apenas não o encorajam ou oferecem suporte à medida que aproveita melhor o risco. Isso pode se dar por diversos motivos — elas não sabem como apoiá-lo, não se animam com seu crescimento, ficam nervosas por você, têm um pouco de inveja ao vê-lo correndo atrás de seus objetivos e/ou estão preocupados com o que sua mudança significa para elas. (Como dissemos, ao progredir, aqueles ao seu redor serão impactados, sem sombras de dúvida.)

Traga para mais perto de si aqueles em sua vida que são curiosos e empolgados por sua jornada — essa é sua gente. Você reconhecerá esses apoiadores por sua positividade e engajamento. No Capítulo 6, compartilharemos mais sobre como se engajar com eles, pois certamente precisamos deles.

Neste capítulo, queremos falar sobre aqueles que *não* lhe oferecem o apoio e o encorajamento de que precisa ou que gostaria. Nosso conselho é que não os descarte. A realidade desafiadora é que os Não Escolhidos em sua vida podem incluir seu cônjuge ou parceiro (uma pessoa que de fato escolheu e quer ter em sua vida), ou seu irmão, chefe, filho adulto ou pai/mãe — em outras palavras, um relacionamento significativo que você não quer eliminar, mas gostaria apenas que fosse melhor. Encorajamos você a reconhecer que tem opções quando o assunto é gerenciar bem tais relacionamentos.

Primeiro, é necessário se recordar de que a confiança é uma emoção; essa percepção ajuda a explicar por que ela surge e vai embora com cada novo desafio com o qual se defronta. Nossa confiança também é suscetível ao julgamento da opinião pública, que nunca recua. Devemos estabelecer o objetivo de sermos muito seletivos sobre quem permitimos influenciar a valiosa opinião que temos de nós mesmos. Se for qualquer um, nossa confiança será uma montanha-russa.

ESCOLHA SEUS GUIAS

Aconselhamos que apenas abra as portas às opiniões dos Não Escolhidos que demonstraram sinceramente que têm seus melhores interesses em mente. Precisamos filtrar os Não Escolhidos cujas opiniões e pensamentos são valiosos para nós e aqueles que não são. Só porque alguém tem proximidade com você não significa que essa pessoa sempre quer seu melhor.

Em geral, a negatividade está mais relacionada com a insegurança da pessoa que a demonstra do que com a relevância em sua vida. Especialmente quando é compartilhada de forma autofocada ou passivo-agressiva. Você pode sempre ouvir e ser educado, mas não internalize. Em vez disso, filtre. (É fácil falar, não é?)

Se alguém não o apoia ou se, na verdade, lhe causa mais mágoas, tentando influenciá-lo negativamente, não se sinta obrigado a agir de acordo com as sugestões ou preocupações com as quais não concorda. E tenha o cuidado de não deixar que a falta de apoio dessa pessoa diminua sua confiança. Nunca haverá um estoque baixo de negatividade e dúvida, mas isso não significa que você precisa aceitar, especialmente de alguém próximo.

Precisamos reconhecer que apostar em si mesmo transforma quem você é, e, ao mudar, aqueles ao seu redor serão impactados — e alguns não gostarão. Por exemplo:

- Se está sendo cotado a uma promoção para um cargo sênior no trabalho, pode ser que seus atuais colegas não estejam tão empolgados com o fato de você se tornar o chefe.
- Se decidir começar um plano de alimentação mais saudável, sua família pode não gostar da ideia de que você não os acompanhará mais aos seus antigos restaurantes favoritos.
- Caso queira se mudar, talvez seu cônjuge não esteja aberto a explorar a ideia, especialmente se ele ou ela gosta de onde vocês estão morando atualmente.
- Se quer investir em um negócio para aumentar a renda, seu parceiro pode pensar que o dinheiro poderia ser mais bem investido em outra prioridade.
- Se quer começar a dar aulas na academia nos sábados pela manhã, talvez seus filhos não gostem de sua ausência.

Queremos que considere um termo importante ao se aproximar dos Não Escolhidos cujo suporte é necessário para apostar em si mesmo: *meio-termo*. Não estamos pedindo que abra mão de seus sonhos, mas que esteja aberto a ajustar o caminho necessário para chegar lá.

RESPEITO E CONSENSO

Reconhecemos que nem todos os relacionamentos com os Não Escolhidos podem ser resolvidos de forma rápida e eficiente quando há conflitos. Sabemos, no entanto, que a empatia e o respeito pela opinião de outra pessoa podem ajudar muito quando o assunto é encontrar um consenso com aqueles cujo apoio você deseja para realizar sua visão e seus sonhos. Embora não possamos obrigar aqueles de quem gostamos a apoiar nossa jornada, podemos amá-los sem permitir que influenciem nossa vida. E só porque estão em sua vida, eles não precisam apoiá-lo. Mesmo se quiserem, muitos não saberão como. Não os force a fazer algo quando não têm a habilidade para tanto nem espere isso deles.

Aprecie o que vocês têm em comum e valorize o que gosta de fazer com essa pessoa. Se continuar a progredir de maneiras que lhe são importantes e puder desenvolver sua habilidade para demonstrar elegância e compaixão com todos em sua vida, poderá se surpreender com o modo como os detratores se tornam apoiadores, ou como seus Não Escolhidos passam a compreender melhor suas necessidades. Enquanto espera a possibilidade de que as pessoas próximas a você também evoluam e cresçam, limite a influência que elas têm na opinião muito preciosa e valiosa que você tem de si mesmo.

COLOCANDO EM PRÁTICA

- Passe tempo identificando os tipos de guia que gostaria de ter em sua vida. Seja específico sobre como pode encontrá-los e se conectar com eles, e também sobre o que espera aprender com eles.
- Seja intencional sobre as informações que consome. Ao escolher suas fontes, e não apenas ouvir aleatoriamente qualquer um falando sobre qualquer coisa, você pode estabelecer uma pauta mais poderosa e relevante que esteja conectada com a inspiração de que precisa em sua vida.
- Selecione guias confiáveis que demonstraram um desempenho comprovado nos aspectos de risco que sejam relevantes a você.
- Quanto mais curiosidade tiver em seus relacionamentos com os guias e campeões, mais aprenderá. Faça perguntas abertas para entender melhor suas jornadas e como pode conquistar uma orientação específica para apoiá-lo — perguntas do tipo "Pode me contar onde cresceu e como foi educado?" e "Se fosse eu, um profissional com tantos anos de idade buscando fazer tal coisa, o que faria?"
- Quem são os Não Escolhidos que agregam valor a você? E quem são aqueles sobre os quais não tem certeza sobre o tipo de apoio que oferecem? Seja claro a respeito de quem permite influenciar a opinião valiosa de si mesmo; além disso, seja consciente de como se engaja com pessoas que não estão em uma posição para apoiá-lo.

Capítulo Cinco

FAÇA O TRABALHO

"O preço do sucesso é o trabalho árduo, a dedicação ao que está fazendo e a determinação de que, vencendo ou perdendo, aplicamos nosso melhor na tarefa em mãos."

— Vince Lombardi

EM RESUMO

Este capítulo não é apenas um lembrete de que você precisa trabalhar arduamente para ter sucesso. É também um guia prático para ajudá-lo a criar a capacidade de realizar o trabalho necessário de modo a conquistar os benefícios das apostas que faz em si mesmo.

PARA REFLETIR

Saber dizer "não" e gerenciar seu tempo, considerando-o como o recurso não renovável que realmente é, permite que você crie a margem em sua agenda para explorar o risco com a ação.

O sucesso é o resultado de hábitos desenvolvidos por meio da ética de trabalho, do foco e do compromisso diário com as atividades que o permitem progredir rumo às coisas que mais lhe importam.

Trabalhe em seus sonhos a ponto de poder criar oportunidades reais para decidir seu futuro. Apostar em si mesmo exige que não descarte oportunidades antes de a escolha ser realmente sua.

Imagine que está entrando em uma academia onde a temperatura é ajustada propositadamente para 40°C. Durante os noventa minutos seguintes, você deve se movimentar e fazer uma variedade de posições de alongamento, tendo apenas um intervalo para tomar água. Ao terminar a série, seu tapete e suas roupas estarão encharcados com suor, o bastante para encher uma xícara de café até a borda.

Durante a série, há um instrutor lhe dizendo quais posições fazer e quanto tempo permanecer em cada uma. Podem ser dez segundos ou sessenta. Ele lhe pede para não se distrair com a contagem do tempo, o calor, a pessoa à sua esquerda ou direita e nem mesmo com sua própria imagem no espelho à sua frente. Seu foco deve estar neste momento, enquanto desafia seu corpo a se esticar, causando grande desconforto, e buscar maximizar o benefício de cada movimento.

Ninguém, nem mesmo o instrutor, sabe o nível do esforço que você está fazendo durante os exercícios. Não há notas, e você não obterá uma avaliação personalizada de seu desempenho após o treino. Sem a expectativa de uma avaliação, seu objetivo para a experiência poderia ser apenas "resistir", enquanto se recorda a cada minuto que passa de que está em uma situação dolorosa e questionando por que se inscreveu nessa aula, para início de conversa. Você também poderia estar olhando ao redor, vendo as pessoas pelo espelho que parecem estar realmente imersas na experiência. Poderia passar o tempo se perguntando sobre o nível de lavagem cerebral pela qual uma pessoa deve passar para querer repetir essa experiência.

Ou poderia haver outra tática que emprega conscientemente. Você sabe que está na academia e que separou o tempo para estar presente. Percebe que poderia aprender algo com o desconforto que está sentindo. Você se recorda de que escolheu essa experiência para se alongar, então se esforçará, só mais um pouquinho, na esperança de que, com isso, estará melhor para a experiência.

Para os novatos ou os não ungidos, toda essa experiência, chamada hot yoga, parece uma crueldade autoinfligida. Para os praticantes do mundo todo, é sua salvação. Para nós duas, pessoas apaixonadas por ajudar você a ganhar coragem para apostar em si mesmo e convidar o risco diariamente à sua vida, a hot yoga é uma metáfora incrível sobre como cada dia é uma escolha. Podemos combater a experiência ou usá-la para treinar nosso músculo do risco, um alongamentozinho a mais fora de nossa zona de conforto a cada vez.

Sabemos que há dias em que você sente a pressão e o desconforto e há momentos em que parece que está preso dentro de um quarto do qual não consegue sair, então um bom plano B é seguir os movimentos. Também sabemos que, com o foco certo e com algumas orientações para que haja uma disrupção no padrão em que se encontra, poderá descobrir uma maneira completamente nova de existir que o leva a momentos de crescimento, novas descobertas e aventuras que lhe trazem significado.

Sem dúvidas, a vida pode ser desafiadora. Pode ser difícil colocar a mudança pessoal em prática. Mas não viver sua visão? Saber que seus sonhos vívidos são realizáveis, mas não se esforçar rumo a eles? Isso pode ser difícil também. Nosso desafio para você é escolher a luta que quer em sua vida: uma com potencial ainda não explorado que leva a arrependimentos, ou uma que exige seu esforço e mudanças incrementais para alcançar o melhor para você e para outros em seu mundo?

Sabemos que você está pronto para abraçar a tomada consistente de riscos. Este capítulo é dedicado a ajudá-lo a criar o contexto e as condições em seu mundo para fazê-lo.

COMECE COM O AUDACIOSO *NÃO*

No Capítulo 2, falamos sobre descobrir áreas em sua vida com as quais não está satisfeito, realizado ou feliz e como fazer esforços para se afastar das obrigações nas quais se encontra de modo que possa corrigir seu curso rumo a opções melhores. Ironicamente, o primeiro passo para fazer o trabalho necessário para realizar o que lhe importa é, muitas vezes, dizer "não" ao trabalho que não é totalmente relevante ou que não vale a pena. Sabemos que uma das coisas mais difíceis é começar a adotar a palavra *não* para encontrar a margem em sua vida para exercitar o risco — por exemplo, quando nós:

- Recusamos o pedido de outra pessoa por nosso tempo.
- Deixamos passar uma oportunidade que alguém acredita ser "o melhor para nós".

APOSTE EM VOCÊ

- Lutamos contra a culpa que alguém está nos causando porque não queremos fazer o que ela quer que façamos.
- Escolhemos não fazer algo que a sociedade aplaude, mas que não nos interessa muito.

Tais situações podem ser difíceis, pois sentimos que estamos decepcionando os outros. Poderíamos fazer a coisa simples, como negociar internamente: *serão só duas horas, é apenas um sábado por mês* ou *provavelmente não levará tanto tempo quanto estou achando*. A realidade é que os minutos vão se somando, e quanto mais tempo passamos tentando agradar aos outros, menos tempo passamos apostando em nós mesmos. Quando dizemos "sim" às coisas que não queremos fazer, permitimos que as prioridades dos outros sejam mais importantes do que as nossas.

Dizer "não" pode ser audacioso. É um risco, pois convida a incerteza tanto aos nossos relacionamentos como à nossa agenda. Contudo, quando recusa algumas oportunidades, você cria margem — um espaço desocupado que pode lhe ser novo. Esse espaço serve para você e sua exploração do risco; não deve ser desperdiçado, mas protegido com sua vida. Sem ele, você não apenas acabará ficando sem energia e motivação para correr atrás de seus sonhos, mas também deixará passar oportunidades para desenvolver esperança, conquistar marcos e descobrir a alegria presente em fazer as coisas que adora.

Os minutos/horas/dias que você reivindica ao recusar oportunidades que não se conectam com seus interesses, valores e preferências podem ser reinvestidos nas áreas de sua vida que, com o passar do tempo, produzem resultados excepcionais. O conceito de "sucesso da noite para o dia" é, na verdade, conquistado em pequenas doses de tempo ao longo de um período estendido. Você precisa considerar seu "não" como um passe VIP para as oportunidades que podem realmente mudar a trajetória de sua vida.

FAÇA O TRABALHO

RISCOS NA CARREIRA: DOLLY PARTON

Diga "Não" ao Rei e "Sim" à Rainha

Uma de nossas histórias favoritas do "não" é a de Dolly Parton, compositora e cantora original da famosa música *I Will Always Love You*.

Ela contou em entrevistas que sabia que a música era especial quando a lançou no início da década de 1970 e viu sua ascensão ao topo das paradas. Logo após seu lançamento, Elvis Presley falou com Dolly para gravar sua música, uma proposta lisonjeira e de validação. Ela ficou totalmente interessada, até ouvir de seu empresário que era comum que Elvis ficasse com metade dos direitos de publicação de qualquer música que cantasse. Isso fez com que Dolly desse uma segurada. No meio musical, é bem sabido que o compositor — não o cantor — é quem mais se beneficia com um sucesso. E a música de Elvis certamente seria um. No entanto, seu sucesso com a música dela exigiria que ela abrisse mão de algo que valorizava muito: a posse da música que criara.

Dolly recusou o pedido. Ela disse "não" ao Rei, deixando passar uma oportunidade de ganhar muito dinheiro. Porém, ela sabia que havia algo muito mais valioso do que o dinheiro — sua integridade, sua visão de si mesma, seus padrões e suas expectativas pessoais. Além disso, e o que torna sua decisão muito audaciosa, é que Dolly tomou tal decisão sem qualquer conhecimento de que, dali a cerca de vinte anos, um filme chamado *O Guarda-Costas* surgiria, que Whitney Houston gravaria a música (e não pediria qualquer direito sobre ela) e que sua versão arrasaria os recordes da Billboard. Posteriormente, Dolly disse que o sucesso de Whitney com sua música *"lhe fez ganhar tanto dinheiro que poderia comprar a mansão de Elvis, Graceland"*.[1]

A decisão ousada de Dolly é um lembrete poderoso de que seu "não" não fecha portas — pode até criar oportunidades que você não prevê no momento. Quando o assunto é o agora, seu "não" audacioso pode dar início a muitas aventuras de risco. Por exemplo:

- Matricular-se na primeira rodada de aulas online que o colocam no caminho para conquistar o diploma que sempre quis.
- Dar aquele esforço a mais em uma apresentação importante no trabalho, demonstrando seu talento aos líderes seniores.
- Aumentar o nível da qualidade em um grande projeto pelo qual é responsável.
- Criar um blog ou um site de truques de vida (ou qualquer outra presença nas mídias sociais que gostaria de explorar).
- Começar uma atividade em paralelo que poderia se tornar uma empresa próspera.

Suas margens são importantes. Lembra-se do colégio, quando nos ensinaram que não devemos escrever nas margens? Estamos aqui para reinventar como elas são usadas.

TRABALHE EM SUA MARGEM

Sua margem é seu tempo e espaço para fazer o trabalho que o ajuda a mudar rumo à versão melhor de si mesmo que *você* vislumbra. Pode ser uma hora por dia; podem ser três horas por semana. É o momento que você usa para fazer testes com o risco. Lembra-se da nossa promessa de que não queremos que você saia de seu emprego para mudar sua vida toda? Sua margem é o lugar para começar sua pesquisa e experimentação sobre qualquer coisa que queira mudar. Pode usar esse tempo para fazer contatos, criar seu perfil no LinkedIn, refazer seu currículo, preparar refeições saudáveis, praticar violão ou aprender um novo idioma.

Idealmente, use sua margem durante o momento do dia que seja um período mágico para você e seu cérebro, aquele momento em que se sente menos sobrecarregado com as responsabilidades da vida. Para nós duas, nosso momento mágico são as primeiras horas do dia. Somos de acordar bem cedo e descobrimos que os períodos mais produtivos de nosso dia podem ser encontrados em nossos home offices quando todo mundo na casa está dormindo e conseguimos focar os aspectos mais estratégicos do nosso trabalho (como criar conteúdo, escrever ou imaginar novas iniciativas), sem a distração de e-mails, mensagens ou telefonemas chegando.

Trabalhamos em nossa margem quando estávamos escrevendo a proposta para nosso primeiro livro; ainda tínhamos empregos estáveis na época, então nossa margem era o único momento que poderíamos nos dedicar à escrita. Certamente, também precisamos de alguns sábados no processo, assim como de muitas chamadas noturnas quando trabalhávamos juntas vinte minutinhos aqui, trinta ali. Muitos dizem que não têm tempo para ir atrás de suas aspirações. Nosso argumento é o de que você encontra tempo para as coisas que importam.

Para você, esse momento pode ser à noite. Pode ser quando seus filhos estão assistindo Disney+ e você pode sair de fininho por uma hora. Ou quando seu parceiro está fazendo hora extra ou participando de um evento em sua comunidade. Você se conhece — quando está menos distraído e quando é mais produtivo. Use esses momentos para fazer o trabalho de apostar em si mesmo.

RISCOS NA VIDA: A HISTÓRIA DA ANGIE

Isolada e Focada

Quando a COVID chegou, minha vida — como a conhecia — praticamente parou. Estava acostumada a viajar mais de uma semana por mês. Agora, como outros que viajam a negócios, estava em casa por um tempo imprevisível. Os negócios, como eu os conhecia, também mudariam para sempre. Nossa empresa oferecia uma mescla de coaching, palestras, consultorias individuais e workshops presenciais. Agora, uma parte significativa disso havia desaparecido, assim como as receitas disso advindas. O choque foi deprimente e desorientador, forçando-me a uma negação saudável por algumas semanas. (Falaremos sobre o luto no Capítulo 8.)

Lembro-me de conversar com um campeão no início da pandemia, o general Joseph Dunford, ex-diretor do Estado-Maior Conjunto dos EUA. Ele havia concordado em ser o convidado em um dos webinars gratuitos da Lead Star para falar e orientar o público sobre como liderar perante as incertezas. No camarim, antes de entrarmos ao vivo, ele

APOSTE EM VOCÊ

perguntou como eu estava. Fui bem honesta com minhas emoções e disse que conseguiria segurar as pontas por mais alguns meses. Ele me disse, diretamente, que precisava me preparar considerando que a situação duraria entre 18 e 24 meses. Talvez eu tenha sorrido e concordado com a cabeça quando ele me disse aquilo, mas internamente fiquei arrasada. Não queria acreditar, mas sabia que ele conhecia as realidades de nossa situação melhor que qualquer um — mídia, políticos, líderes empresariais — e que eu precisava dar ouvidos ao que ele estava me dizendo e ajustar rapidamente minhas expectativas.

Veja bem, alguns gostam de processar seus pensamentos conversando, fazendo rabiscos ou caminhando. No meu caso, escrevo. Descobri que escrever me dá clareza e direção. Mais tarde naquela noite, sentei-me para escrever o que acabara de ouvir e o que especificamente aquilo significava para minha vida. Sabia que estava entrando em um período de redefinições gigantescas, não apenas profissionais, e sabia que tinha uma escolha: os dois anos seguintes poderiam estar entre os mais difíceis de minha vida ou poderiam ser os mais transformadores.

Sempre me interessei pela ideia de uma conexão forte entre mente, corpo e alma; todavia, nem sempre havia sido uma praticante comprometida em focar cada uma dessas respectivas áreas. Acreditava, porém, que se dedicasse a margem da minha vida — pelo menos noventa minutos por dia — para o meu bem-estar emocional e físico, assim como para a expressão consistente de meus valores, teria a força e a resistência durante os momentos da COVID para mim mesma e para os outros, e quando voltasse ao "normal", estaria melhor de formas que não poderia prever (ou mensurar, a propósito).

Em outras palavras, durante minha margem, trabalhava em mim mesma. Parecia algo muito egoísta, porém necessário, reservar aquele momento, e tenho certeza de que foi bem frustrante e irritante para os outros, pois estavam acostumados a ter acesso a mim sempre que precisassem. Mas eu sabia que minha vida estava mudando, e eu poderia ser uma passageira no processo ou poderia conduzi-la. Para conduzir, precisava fazer o trabalho. A direção não se revela em uma sessão de brainstorming; leva tempo e reflexão até ser revelada.

Sou afortunada por ter feito esse compromisso também. Durante a COVID, apesar de todos os desafios, perdas e abalos financeiros, me comprometia novamente a conduzir minha vida a cada dia durante meus momentos de margem. Essa prática diária me deu o tempo para processar meu mundo, focar meu futuro e criar e inovar de maneiras necessárias para o período em que estávamos. Surpreendentemente, até tive mais tempo para pensar em como poderia usar o que tinha para ajudar aos outros. Já tendo trabalhado bastante com equipes de recursos humanos, o valor que eu tinha aos outros era saber como escrever um ótimo currículo e ter contatos para oportunidades de emprego. Foi uma honra e um privilégio ajudar meus amigos e familiares a atualizar seus currículos para que pudessem mudar para trabalhos mais estáveis, e também foi ótimo criar pontes essenciais entre pessoas talentosas e empregadores. Tal processo foi revigorante e me concedeu aquilo que vi perdido em muitos: esperança. Também trabalhei para estender essa qualidade aos outros.

Minha crença firme é a de que o relacionamento de liderança mais importante de todos é o que você tem consigo mesmo. Se não consegue cuidar de si mesmo, não poderá fazer as coisas que o permitem entrar na arena em que pode influenciar, inspirar, apostar em si mesmo, assim como apoiar os outros em suas jornadas. A força de sua liderança começa de dentro. É realmente simples assim, mas não é fácil. Para muitos, parece algo contraintuitivo o fato de que, para servir aos outros, seja necessário investir em si mesmo primeiro. Mas nunca podemos dar o que não temos.

Você merece desempenhar sua vida de maneira tal que esteja inspirado e maravilhado pelo que pode fazer, o que leva tempo. Conquistar sua margem e fazer o trabalho nela são coisas essenciais para seu crescimento e desenvolvimento. E quando você cria esse tempo...

NADA DE MEIA-BOCA

Isso mesmo. A questão levantada anteriormente é realmente importante. Se você separar um tempo e se esforçar para criar a margem em sua vida para testar novas ideias e iniciativas, é importante determinar a validade de suas opções nesse espaço sagrado, se valer a pena desenvolver mais extensamente a ideia.

Quando suas experimentações são meia-boca, você arrisca chegar a conclusões inválidas sobre a viabilidade de uma opção. É como fazer algumas aulas de piano, não praticar e chegar à conclusão de que nunca conseguirá tocar a música de Billy Joel que quer tocar. Então você desiste. A realidade, no entanto, é que você tem o potencial de tocar muitas músicas de Billy Joel, mas nunca deu seu melhor ou seu foco total.

Veja algumas outras maneiras de fazer coisas meia-boca na vida:

- Tomar a decisão de que trará novas atividades de desenvolvimento de equipes para seu grupo no trabalho e depois, de forma precipitada e inconsequente, pegar todo mundo de surpresa com uma dessas atividades. Após ser recepcionada com pouco entusiasmo, você chega à conclusão de que sua equipe simplesmente não está interessada em desenvolver relacionamentos. (Antes de chegar à essa conclusão, você deveria tentar engajar os integrantes de sua equipe, ver o que querem fazer e, só então, criar um evento considerando seus interesses e suas preferências.)

- Enviar seu currículo para alguns portais online, não receber nenhum retorno, e, então, determinar que os trabalhos que está buscando estão além de seu alcance. (Se realmente quisesse ir atrás de uma nova oportunidade, você encontraria diversos caminhos para fazer seu currículo chegar à porta das empresas e certamente telefonaria para confirmar que foi recebido.)

- Decidir que está comprometido a melhorar seu relacionamento com alguém e, contudo, quando está com essa pessoa, você só fica olhando seu celular. (Pode ser difícil estar presente no aqui e no agora, no entanto, esse geralmente é o primeiro passo no fortalecimento de nossa conexão com os outros.)

- Não estudar para a prova de corretor imobiliário, consequentemente, não passar e usar isso como evidência de que essa não é sua praia. (Essa é óbvia — jamais alguém se arrependeu por ter se preparado demais para uma prova.)

Resumindo: esforços meia-boca não apenas lhe dão resultados ruins, mas você corre o risco de obter resultados falsos. É possível até descobrir que deixou passar a preciosidade do que estava buscando a partir do risco que queria encarar.

Querer algo na vida nunca é o suficiente. É importante estar presente, mas ainda não é tudo. Você precisa fazer o trabalho para determinar se um caminho realmente é para você. Isso requer comprometimento, paciência e perseverança, pois os resultados que está buscando nunca serão imediatos.

É comum que aqueles que estão começando um programa fitness na academia ouçam que leva cerca de quatro semanas para começar a ver os resultados de seus esforços, oito semanas para que seus amigos e familiares percebam e doze semanas para que todos os demais vejam uma mudança. Quer dizer, resultados perceptíveis levam mais tempo do que você imagina. Embora essa orientação seja para fitness, também é verdade para qualquer outra mudança pessoal.

Nosso conselho para você é o de que, quando se comprometer a criar margem, use-a para seu propósito: fazer o trabalho. Encarar os riscos nesses momentos precisa ser uma prioridade. Não é o momento de enfiar coisas extras que precisa fazer, como responder e-mails ou lavar roupas. Sua margem é quando você executa.

Afinal, até executar, é apenas uma ideia. Fazer o trabalho transforma o que está buscando em uma possibilidade e uma opção. Não dá para apenas planejar — você deve fazer. Há um equilíbrio entre planejar e fazer, então também falaremos sobre isso.

MARCHA RÉ PARA SEGUIR EM FRENTE

Criar planos para qualquer coisa pode ser realmente empolgante. Quando as ideias são transformadas em descrições, linhas do tempo ou até em murais, parece que assumem um novo espírito de repente. Não podemos dizer quantas vezes nos sentamos com equipes de gerenciamento para ajudá-las a criar visões e estratégias para suas unidades empresariais, e depois, quando todos veem o mesmo potencial para seu grupo e acreditam na direção, sabe o que acontece? Bem, digamos apenas que o entusiasmo e a empolgação liberados podem iluminar uma cidade.

Planejar pode ser revigorante; e também é necessário. Sempre que tentar qualquer mudança, mesmo que seja algo como liderar uma nova iniciativa no trabalho, você precisa fazer considerações profundas sobre como procederá — quais membros da equipe quer incluir nas reuniões, quais recursos estão disponíveis e como lidará com os desafios que pode antecipar agora e que inevitavelmente surgirão. Exclua o planejamento e será fácil demais voltar a rotinas antigas e abandonar todas suas boas intenções de mudança.

Ao fazer seu planejamento, uma tática útil é o planejamento reverso. Isso significa que você começa pensando sobre o objetivo que quer alcançar, o visualiza e define um prazo:

- Quero pagar toda minha dívida do cartão de crédito em dois anos.
- Quero conseguir três novos clientes até o fim do trimestre.
- Quero sair da capital e me mudar para o interior em oito meses.
- Quero descobrir, em doze meses, em qual franquia investir e se é uma opção viável para sustentar minha família.
- Quero passar as férias percorrendo a Europa de bicicleta daqui a seis meses.

Depois, em vez de criar uma linha do tempo de agora até o prazo, comece com a data de realização do objetivo e crie uma linha do tempo reversa. Por exemplo, o que estará fazendo um dia antes do prazo final? E duas semanas antes?

É interessante que um plano para a frente e um plano reverso em geral não se parecem tão diferentes com relação às etapas e aos marcadores de objetivos ao longo do caminho. O diferente, no entanto, é que, quando faz seu plano reverso, você aumenta sua capacidade de vislumbrar o sucesso e a realização, o que se traduz em mais motivação e comprometimento para sua conquista. As pesquisas mostram que isso também influencia o nível que você estabelece (o planejamento reverso na verdade o inspira a elevar o nível um pouco, pois, ao longo do processo de planejamento, você percebe que pode conquistar mais) e a possibilidade de um resultado positivo.[2] Ao apostar em si mesmo, queremos que aumente suas chances de sucesso. É importante como você faz seu planejamento.

Assim, de todos os modos, planeje — mas uma nota de cuidado: não exagere.

COLOQUE A REGRA 1/3 – 2/3 EM PRÁTICA

Nos Fuzileiros Navais, aprendemos que um bom princípio básico é seguir a regra 1/3 – 2/3 ao planejar. Isso significa que um terço do seu tempo deve ser passado planejando e dois terços fazendo as coisas acontecer. Caso passe tempo demais planejando, passará tempo demais em um vácuo. Esse tempo perdido é aquele que poderia ter sido usado para coordenar ações com outras partes interessadas, ensaiar movimentos para garantir que todos estejam em sincronia e descobrir quais são seus pontos fortes e onde você poderia estar exposto. Você também corre o risco de perder o impulso ao não estar pronto quando chegar a hora para agir.

Tempo demais planejando também significa que as coisas que quer fazer talvez nem aconteçam. As faculdades de administração estão repletas de planos de negócios criados por alunos cheios de visões empreendedoras fantásticas que poderiam, muito possivelmente, transformar o mundo. Mas são apenas planos, mantidos em HDs e basicamente estagnados. Claro, são fortalecidos por planilhas que demonstram rentabilidade e palavras que pintam um quadro glorioso de sucesso, mas nada funciona até que o trabalho seja feito.

Se descobrir que tem a tendência de entrar no modo de planejamento em excesso, trabalhando continuamente para aperfeiçoar o planejamento antes de agir, que isso seja um alerta de que pode estar evitando o risco. Primeiro, não existe um planejamento perfeito; você está tentando aperfeiçoar algo que nunca poderá ficar perfeito. Nos Fuzileiros, também aprendemos que um planejamento é um ponto de referência para a mudança, então, mesmo se engendrar esse plano incrivelmente detalhado, a probabilidade de que os eventos se desenrolem como você os previu é zero. Haverá frições que não previu, e acontecimentos e surpresas casuais são exatamente isso... nada ao qual possa se preparar nem prever, mas que inevitavelmente aparecerá. Se alguma vez já planejou as férias perfeitas e depois seu parceiro ficou doente ou choveu o tempo todo, então sabe do que estamos falando.

Ao criar seu planejamento reverso, você perceberá que há muitos itens na lista de coisas a serem feitas durante sua jornada de experimentações. Para ajudá-lo a priorizar o que deve ser resolvido primeiro, queremos dizer que é sempre melhor tirar as coisas mais difíceis do caminho.

COMECE COM AS GRANDES MONTANHAS

Sempre que embarcar em algo novo que está pronto a ser testado, nossa orientação é começar com o que parece ser a tarefa mais desafiadora, que aparenta ser intransponível. Possivelmente, essa também será a atividade que mais consumirá tempo. Sua habilidade de se concentrar no que é difícil determinará muitas coisas, como se é realmente uma atividade que você curte e da qual quer fazer parte, e se esse progresso vale todo seu esforço. Você aprenderá a apreciar o tempo e o esforço que precisará para outras tarefas relacionadas e com as quais não tem experiência. Assim, em primeiro lugar, priorize o trabalho que o intimida mais.

Digamos, por exemplo, que lhe pedem para liderar um projeto de arrecadação de fundos na escola de seu filho. Se isso é algo que sempre quis tentar fazer, use sua margem para determinar se é capaz de alcançar o que lhe está sendo pedido antes de se comprometer, ou então recuse. A parte mais difícil de arrecadar fundos é, obviamente, pedir e coletar o dinheiro. Conceda a si mesmo um ou dois dias para entrar em contato com pessoas que seriam doadoras naturais e avalie seu conforto ao fazer o pedido e a disposição delas em apoiar seu esforço. Fazer esses pedidos é um uso muito melhor de seu tempo do que entrar em contato com outras pessoas para ouvir suas opiniões sobre se você deveria ou não aceitar a oportunidade. (Você pode fazer isso também, mas não antes de direcionar seus esforços para o mais difícil.)

Ou, se pretende abrir uma microcervejaria em sua cidade, antes de criar receitas, desenhar um logotipo e encontrar fornecedores de lúpulo, invista tempo pesquisando imóveis para entender de quanto o aluguel seria e ver quais tipos de licenças precisaria obter para tirar seu sonho do papel. Uma tendência que observamos muitas vezes é a de que os aspirantes a empreendedor ficam presos nas coisas divertidas — a marca, os sites —, o que atrasa que descubram os percalços que terão quando for a hora de se engajar nas atividades que realmente lhes permitirão ter sucesso — como o desenvolvimento do negócio e a gestão de fluxo de caixa. Ligações frias e QuickBooks não são coisas tão divertidas quanto a expressão de uma ideia. No entanto, são necessárias para a questão da viabilidade.

Seu sucesso com as coisas difíceis criará a confiança interna que o ajudará a determinar se consegue progredir nessa área ou se a oportunidade realmente não é para você. O que está essencialmente fazendo ao se engajar com as coisas difíceis é criar pontos de escolha que o permitem seguir em frente ou deixá-las passar.

APROVEITE OPORTUNIDADES DE PONTOS DE ESCOLHA

Em última instância, transformar as oportunidades em realidade não se trata apenas de planejar e se preparar, mas de agir. Quando a ação envolve apenas você e sua iniciativa, você tem mais controle sobre os resultados e o esforço. Fica um pouquinho mais complicado quando o sucesso ou o fracasso depende de fatores externos como chefes, mercados ou *gatekeepers*.

Podemos reconhecer que, com muitos de nossos objetivos, nossos sucessos não dependem totalmente de nós. Talvez haja outra pessoa que toma uma decisão que impacta nosso progresso, como um gerente que decide a quem oferecer uma oferta de emprego, ou uma comissão de admissões que determina quem seria melhor aceitar em um programa. Pode ser um gerente de banco que decide se um empréstimo lhe será garantido. As restrições externas podem, em geral, levar os líderes a dependerem demais da imaginação e da previsão ao anteciparem as rejeições ou as recusas dos outros, em vez de dar os passos fisicamente para transformá-las em pontos reais de escolha.

Uma grande parte de fazer o trabalho de apostar em si mesmo é criar oportunidades reais. Quando os objetivos que quer alcançar dependem de fatores externos, é importante continuar correndo atrás deles totalmente até que tenha uma escolha real a considerar. Talvez você já tenha se pegado pensando:

- Gostaria de me inscrever naquele programa, mas duvido que seria aceito, então nem vou tentar.
- Sei que poderia agregar valor àquele projeto, mas acho que meu chefe não me deixaria viajar durante os meses de pico, então nem vou pedir para fazer parte daquela equipe.
- Adoraria trabalhar em outros países, mas é impossível conseguir os vistos.

Isso é, na verdade, falhar em levar algo a um ponto de escolha. Você está desistindo antes mesmo de ter uma opção real. Nossa orientação é a de que se inscreva, peça ao seu chefe ou solicite o visto. Se sua intenção para um empreendimento for realmente séria, faça tudo até ter um ponto de escolha, em vez de desistir mentalmente porque está com medo, relutante ou intimidado pelo pedido, processo ou risco.

Você sempre pode decidir que não quer fazer algo. Mas não adiante a decisão antes de ter uma opção real. O aprendizado e o crescimento valiosos acontecem na busca dos pontos de escolha. Com o tempo, o sucesso vem de suas tentativas de fazer, e não do que imagina que poderia fazer, mas nem tenta. Quando realiza totalmente o trabalho necessário para transformar seus sonhos em oportunidades reais, você ganha sabedoria e perspectiva valiosas.

RISCOS NA CARREIRA: A HISTÓRIA DE COURTNEY

A Temporada da Oportunidade e da Consideração Séria

Como muitos profissionais, passei por inúmeras situações em que não tinha certeza sobre qual deveria ser o próximo capítulo de minha vida. Em meio a uma temporada particularmente memorável de confusão sobre qual direção era a melhor, me vi explorando três opções dife-

FAÇA O TRABALHO

rentes. Como na época estava prestes a me graduar em direito, tinha interesse em trabalhar para um grande escritório de advocacia. (Bem, talvez isso não seja totalmente verdade. Estava realmente interessada nos altos salários de um escritório grande, mas não estava certa se cumprir as milhares de horas por ano, geralmente sozinha, em um escritório silencioso no centro, era para mim.)

Na era após o 11 de Setembro, também me vi atraída pela carreira de segurança nacional. Como fui Fuzileira Naval, a ideia de me inscrever para uma vaga na CIA para fazer parte do famoso Diretório de Operações (a pequena divisão da agência que cuida da espionagem) me pareceu ser intrigante e empolgante. Fazer parte da CIA certamente apelava ao meu amor pelo desafio e pela aventura.

Angie e eu também estávamos no processo de tentar escrever nosso primeiro livro e contemplávamos abrir uma empresa para corrermos atrás de nossa paixão por compartilhar lições de liderança com profissionais.

Embora não tivesse certeza sobre qual carreira seria a escolha certa, sabia que trabalhar até obter os pontos de escolha reais seria um processo competitivo. Sonhar sobre o que queria fazer era muito diferente de conseguir de fato uma oferta de trabalho em um escritório de advocacia, de passar no processo seletivo da CIA ou de inspirar uma editora a imprimir nosso livro e de encontrar os recursos para abrir um pequeno negócio. Sabia que tinha muito trabalho a fazer para ver, realisticamente, quais eram minhas opções.

Com o escritório de advocacia, isso significava ter um bom desempenho como estagiária. Na CIA, significava passar meses durante o longo processo de autotutoria sobre assuntos internacionais para que pudesse falar de forma inteligente sobre as questões globais, além de completar um processo de entrevistas que incluía testes acadêmicos, uma avaliação psicológica e um teste de polígrafo completo sobre estilo de vida. No caminho empreendedor, isso significava muitas reuniões de planejamento e escrita com Angie enquanto trabalhávamos para concluir a proposta do livro e encontrar um agente para lançá-lo ao mercado.

Certamente, estava ocupada fazendo meu melhor para dar seguimento às minhas esperanças e ambições. E embora fosse um período intenso para mim, o rigor do que estava fazendo trazia magia ao processo de decisão. Ao conseguir sair praticamente ilesa da jornada, as coisas ficaram mais claras. Parei de sonhar e comecei a agir, e isso fez toda a diferença para criar opções e fazer escolhas. Ao testar cada caminho, obtive um novo insight.

Embora gostasse de meus colegas no escritório de advocacia, descobri que, mesmo o salário de estagiária sendo ótimo, como suspeitava, o trabalho não me agradava. Recusei a oferta para uma posição permanente lá. Preencher os requisitos para a CIA foi emocionante. Fiquei honrada e lisonjeada por obter uma oferta de emprego. Meu lado viciado em desafios queria muitíssimo escrever novos capítulos de aventura como aqueles que havia experienciado como militar. Todavia, não tinha certeza se aquele estilo de vida era o que queria em uma carreira permanente, pois sabia que um dia eu gostaria de criar uma família. Simplesmente não parecia propício para como vislumbrava esse capítulo da minha vida. Assim, protelei a resposta à oferta para pensar bastante antes de decidir, por fim, que não seria a melhor opção.

Finalmente, como você provavelmente pode adivinhar, escolhi abrir a Lead Star com Angie e escrever o que seria o primeiro de vários livros. Foi um caminho que me permitiu apostar em mim mesma. Nunca teria tido a coragem e a confiança de perseguir minhas reais paixões se não tivesse feito o trabalho de dar seguimento aos meus outros sonhos. Obter ofertas do escritório de advocacia e da CIA afirmou que provavelmente eu tinha algumas habilidades de mercado para usar na busca do que queria tentar, mas que tinha medo de fazer. Além disso, fazer aquele estágio e o demorado processo de entrevista na CIA permitiu que eu ganhasse mais percepção sobre como seriam essas carreiras e me deu a oportunidade de encontrar pessoas desempenhando as funções que eu estava explorando. Realizar essa descoberta prática me salvou de muitos momentos "deveria, poderia, faria", especialmente durante os dias mais difíceis envolvendo a abertura de uma empresa.

Se você tem um objetivo que se alinha com seus valores, corra atrás dele a ponto de obter uma escolha genuína a fazer ou até um ponto a partir do qual não tenha mais para onde ir. Isso não apenas fará com que tenha menos arrependimentos em retrospecto, mas também lhe fornecerá experiências enriquecedoras que lhe propiciam insights melhores sobre quem é e o que realmente quer da vida.

ORBITE A EXPERIÊNCIA

Você pode economizar muito esforço e energia se puder chegar a um ponto de escolha e orbitar a experiência antes de decidir seguir em frente ou recuar perante uma decisão. Quando dizemos "orbitar a experiência", queremos dizer que, uma vez que esteja em um ponto real de escolha, caminhe plenamente ao redor da decisão, mentalmente falando, para avaliar se é a coisa certa para você:

- Está alinhada com seus valores?
- Vale a pena o esforço?
- É isso que você quer fazer com seu tempo, com sua vida?
- É com essas pessoas que quer se engajar?
- Há aprendizado que o beneficiará em sua jornada de vida?

Às vezes a resposta é "sim". E às vezes é "não". Mas para chegar lá, é preciso se desconectar veementemente da escolha para que possa tomar uma decisão fundamentada sobre seguir em frente. Nossas melhores decisões são tanto emocionais quanto lógicas. Precisamos da emoção — ela nos dá a motivação para termos sucesso e se conecta com o que está em nosso coração. Nossas emoções permitem nos apaixonar por aquilo que estamos buscando, transformando o esforço em algo que valha a pena. Também precisamos da lógica — ela se conecta com nosso cérebro, a parte racional do nosso ser. Precisamos da lógica para trazer sabedoria e senso comum às nossas buscas. E, embora dê trabalho traçar um caminho informado, é um esforço inestimável que lhe permite determinar se os riscos que está disposto a encarar são os certos e no momento certo.

COLOCANDO EM PRÁTICA

- Um fator significativo em seu sucesso com o risco é sua vontade de ser criativo e de fazer o trabalho de viver seus objetivos e valores.
- Reconheça que o tempo é um recurso não renovável que deve ser aproveitado e gerenciado deliberadamente. Diga "não" às distrações e às atividades que não trazem progresso aos seus objetivos.
- Uma maneira responsável de explorar o risco é usar o tempo da margem de sua vida para testar, experimentar e trabalhar em seus planos.
- Saiba em qual parte do dia você é mais criativo, produtivo e alerta. Conceda algumas dessas horas áureas para os projetos em que aposta em si mesmo.
- Selecione algumas prioridades para executá-las bem. O esforço meia-boca produz resultados falsos.
- Reverta o planejamento com objetivos e linhas de tempo claros.
- Lembre-se de que, embora o planejamento seja valioso, a ação é essencial.
- Identifique as partes difíceis de qualquer objetivo que gostaria de alcançar. Foque o difícil primeiro; isso lhe trará clareza e impulso.
- Não desista mentalmente, dê continuidade aos seus sonhos até os pontos de escolha reais. A jornada criará oportunidades tangíveis e lhe permitirá desenvolver uma perspectiva sobre a decisão.

Seção Três

PERMANECENDO SEGURO E RECONHECENDO AS VITÓRIAS

Capítulo Seis

CRIE SEU COLETE SALVA-VIDAS

"A segurança não acontece por acidente."
— Autor desconhecido

EM RESUMO

Este capítulo destaca os elementos de um colete salva-vidas resistente que lhe será inestimável em sua jornada de enfrentamento de riscos. Tais elementos fundamentais incluem suas finanças, seus talentos e seu critério.

PARA REFLETIR

Fazemos coisas ousadas quando nos sentimos seguros.

Criar uma fundação segura lhe permite trazer mais risco à sua vida.

Desta forma, não importa o resultado das tentativas que faz, ainda estará em melhores condições para a experiência.

Planejar a segurança exige equilíbrio. Não abrande demais nem exagere com relação àquilo de que precisa para a segurança. Identifique o que é *exatamente suficiente* para você.

Fazemos coisas ousadas quando nos sentimos seguros.

Escalamos apenas com a cadeirinha e uma corda de apoio. Pulamos de bungee jump, de paraquedas, fazemos parasail e mergulhamos. Podemos até — e é só uma possibilidade — dirigir 20km/h acima do limite de velocidade. (Ousado, sabemos.) E isso é apenas falando de nossa segurança física.

Quando nos sentimos psicologicamente seguros, compartilhamos nossa opinião diretamente e com tato. Sentimo-nos confortáveis em baixar a guarda e nos expressar de forma autêntica. Quando nos sentimos financeiramente seguros, talvez gastemos um pouco a mais nas férias ou até compremos aquele produto superpopular com o qual estávamos hesitantes poucos meses antes.

Podemos experienciar a segurança em muitos aspectos de nossa vida; conhecemos o sentimento reconfortante. Ele inspira a coragem e a confiança para nos arriscar, pois sabemos que, se algo acontecer, temos medidas prontas que cuidarão de nós, assim, se tropeçarmos, não iremos de cara ao chão.

Queremos que se sinta seguro em sua jornada de *Aposte em Você* em relação aos riscos que está contemplando para que possa fazer as coisas ainda mais ousadas e importantes que sonhou em realizar. Não queremos que assuma riscos inconsequentes que, caso deem errado, lhe deixem em uma situação pior do que aquela em que começou. Queremos que assuma riscos, mas que, quando der um passo em falso ou cair, possa se reerguer bem e estar em melhores condições por causa da experiência. Quanto mais experiência ganhar na vida, mais aprenderá. E quanto mais entender quais riscos valem a pena — ou mesmo os que sejam essenciais —, mais suave e aprazível será seu caminho ao sucesso. Um colete salva-vidas resistente lhe dará a confiança para continuar caminhando rumo aos riscos que importam, em vez de ficar com medo de oportunidades novas ou diferentes.

Ajudaremos você a reinventar seu colete, os elementos que podem mantê-lo boiando em caso de queda, para que não fique para trás. E, assim como defendemos a abordagem do caleidoscópio para imaginar uma vida bem vivida, essa mesma ideia de equilíbrio é válida quando for determinar o que pode lhe trazer a estabilidade e a segurança para buscar os riscos intencionalmente. Há três elementos que você pode juntar para criar uma base sólida: suas finanças, seus talentos e seu critério.

Esses elementos são interdependentes — você precisa de todos eles e precisa desenvolvê-los com diligência:

Finanças + Talentos - Critério = Oportunidades Desperdiçadas

Talento + Critério - Finanças = Oportunidades com Poucos Recursos

Finanças + Critério - Talento = Oportunidades Limitadas

Ao examinar esses elementos, queremos compartilhar com você novas perspectivas sobre cada um. Nosso objetivo é que reconheça como sua necessidade de segurança com qualquer um deles o está ajudando ou segurando. E, como todas as habilidades para correr riscos que compartilhamos, tais elementos são áreas que podemos desenvolver ao longo de nossa vida; desta forma, à medida que aumentamos o risco, nosso colete salva-vidas também cresce.

SUAS FINANÇAS: QUAL É SEU NÚMERO?

Este livro não trata de planejamento financeiro. Deixaremos esse tipo de conselho para os gurus do dinheiro, mas seríamos relapsas se não abordássemos o tema, porque provavelmente há uma implicação financeira relacionada com as apostas que quer fazer em si mesmo. Talvez precise...

- Pegar dinheiro emprestado.
- Gastar dinheiro.
- Economizar dinheiro.
- Ganhar menos (ou não ganhar nada por um período).
- Seguir um orçamento.
- Fazer algo para aumentar seu potencial de ganhos futuros (PGF).

Como empreendedoras, precisamos admitir que pensamos sobre dinheiro de maneira diferente daquela de muita gente. Nem sempre foi assim, mas quando você entra no campo em que sua renda é o resultado direto de suas ideias e de seu esforço, há a tendência de ver o dinheiro como um recurso renovável. E é, sem sombra de dúvidas. Contudo, muitas vezes não é considerado dessa forma.

O dinheiro é um item escasso para muitos que estão na posição de encarar riscos. Como enxergam o dinheiro assim, parece que nunca há o suficiente. Pode ser fácil comprar a ideia de que precisa de cada vez mais para estar seguro ou pronto para o risco. Ou talvez acredite que tudo que tem neste momento é o que sempre terá, e que se fizer qualquer movimento errado, tudo virará pó sem a esperança de substituição.

Exemplo disso é nossa amiga Lila. Quando estava pensando em mudar de carreira para aumentar seu PGF, ela confessou que era mais fácil se imaginar como uma viciada em drogas vivendo nas ruas de uma cidade grande do que dobrar seu salário em um período de três anos.

Ou nosso cliente Mike, que queria permanecer em seu setor, mas passando a ser consultor, para que pudesse ter mais flexibilidade. Quando o pressionamos sobre quais eram seus impedimentos, ele nos disse que tinha medo de não ter mais onde morar em seis meses caso tentasse isso. (A propósito, durante uma conversa anterior, ele afirmou que, além de um fundo completo de aposentadoria, ele tinha o suficiente em sua poupança para se manter por dois anos.) Sua previsão de ruína financeira claramente não fazia sentido. Mike estava dependendo tanto de sua segurança financeira a ponto de que sua necessidade exagerada disso o impedia de obter mais satisfação na vida.

Não surpreende, mas é sempre incrível ouvir as pessoas transformando em catástrofe o lado negativo de um risco que estão explorando, enquanto dão pouca imaginação ao enorme potencial do lado positivo que poderia resultar de suas escolhas.

O dinheiro sempre será uma questão quando o assunto é fazer apostas em nós mesmos; é um componente muito importante em nosso sentimento geral de segurança. Não há como fugir. Precisamos dele para viver e, um dia, precisaremos de nossas economias para nos aposentar. Caso neste momento, aí onde está, pense que não pode bancar assumir um risco, então isso indica que precisa expandir seu conhecimento do dinheiro e ganhar intimidade com suas finanças pessoais. Se determinar rapidamente que sua situação financeira parece instável no momento, vá à causa raiz e entenda o porquê. Isso o ajudará a colocar um plano em prática para reforçar os

CRIE SEU COLETE SALVA-VIDAS

recursos necessários de modo a estar em uma posição em que possa fazer as apostas em si mesmo que pretende.

Mas... e esse é um *mas* enorme...

Para muitos líderes com os quais temos contato, ter dinheiro suficiente normalmente não é o problema. Conhecemos milionários que tinham pavor de apostar em si mesmos. Apesar de seus saldos bancários, sempre se sentiam vulneráveis financeiramente, o que contribuía para sua hesitação em investir em si mesmos. A palavra-chave aqui é *investir*.

A maioria vê o dinheiro como o veículo para o consumo e a provisão; as pessoas não o veem como um meio que podem usar para investir em sua alegria e contentamento, em sua qualidade geral de vida. Em geral, não pensamos no dinheiro que gastamos com nós mesmos como investimento, mas quando encaramos riscos, o dinheiro dedicado a enriquecer sua vida de formas que ampliam seus sonhos e objetivos certamente o é.

Queremos esclarecer: não estamos falando para comprar uma bolsa caríssima para subir de nível no jogo das fotos no Instagram nem para comprar um relógio caro para impressionar seu chefe. Sabemos que seria possível argumentar que são investimentos também. Para o objetivo deste capítulo, estamos falando sobre experiências, como investir em sua educação para que possa entrar em um novo nível de ganhos potenciais, pegar um empréstimo para investir em um imóvel comercial, gastar dinheiro para obter seu brevê ou tirar uma licença de um mês para fazer um curso de gastronomia na Itália.

As experiências nas quais investe trazem habilidades, percepção e lições que você usará bem lá na frente, dando a elas valor real e intrínseco. É a clássica analogia de perda no curto prazo para obter ganhos no longo.

Essa é uma maneira lógica de analisar nossos recursos financeiros, mas queremos evitar a armadilha na qual vemos muitas pessoas caírem quando ficam tão presas às suas finanças que seus recursos criam uma barreira entre elas e a vida que desejam. Não compre a ideia de precisar de uma segurança enorme o ponto de negar a si mesmo uma vida mais rica.

Nosso amigo Collin trabalha em uma empresa menor e regional e há tempos ele acha que ela será vendida algum dia. Quando isso ocorrer, ele acredita que ganhará cerca de US$50 mil — o que não é pouca coisa. O desafio, porém, é que há vários anos ele deseja se mudar para Phoenix. Collin continua postergando seu sonho enquanto espera pela venda da empresa — algo sobre o qual não tem nenhum controle. É uma dificuldade para ele ver o custo da oportunidade de permanecer na empresa (ele está perdendo o estilo de vida do Arizona e as oportunidades de promoção em uma organização maior) e a realidade de que sua fatia, após os impostos, pode não ser tão grande quanto esperava. Acredite, conversamos com ele sobre a possibilidade de estar sendo mantido refém de uma miragem. Mas ele é como muitas outras pessoas que conhecemos e que se encontram em situações parecidas — todos querem mais um pouquinho de segurança antes de pôr um ponto-final. Todavia, o problema é que sempre haverá mais um pouquinho.

O desafio com as finanças é que precisamos delas para servir como nosso colete salva-vidas, mas chega um momento em que nossos recursos talvez não estejam servindo às necessidades de nossa vida como um todo.

A principal pesquisa sobre esse assunto vem de um estudo publicado em 2010 por Daniel Kahneman e Angus Deaton sobre o impacto da renda no bem-estar subjetivo, com foco nestes dois fatores:

- Nosso bem-estar emocional — a qualidade de nossa experiência cotidiana, como nossa felicidade e satisfação.
- Avaliação de vida — nossa percepção de como classificamos a vida, comparados com os outros.

Sua descoberta predominante foi a de que mais dinheiro pode comprar satisfação, mas afeta nossa felicidade apenas até o limite de uma renda anual de cerca de US$75 mil.[1]

Ou seja, a busca incansável por mais dinheiro pode nos passar a impressão de que estamos vencendo a batalha da comparação com nossos vizinhos, mas também pode estar prejudicando a qualidade de vida que estamos buscando com os riscos que valorizamos explorar.

Nossa regra de ouro é a de que você sempre deve saber do que precisa financeiramente para encarar riscos:

- Total de despesas anuais.
- Qual é seu orçamento mensal.

- Quanto precisa ter no banco para se sentir confortável em explorar riscos.
- Qual é sua reserva de emergência — de quanto precisa para lidar com qualquer surpresa financeira de curto prazo.
- Seu objetivo em relação a quanto quer ganhar.

Temos um número limitado de anos para trabalhar e colher os frutos de nossos esforços. Também temos um número limitado de anos para assumir riscos e alcançar os benefícios de nossas escolhas. É um equilíbrio delicado e que não tem a ver apenas com quanto você economiza, mas também com se colocar em uma posição de vantagem financeira. Arriscar-se em prol de seu PGF pode ser tão valioso quanto economizar para ter segurança. Deixe bem claro o que é necessário para se sentir seguro financeiramente — não atenue nem exagere esse número. Descubra o que é *exatamente suficiente* para você. Tal percepção o ajudará a equilibrar seus recursos financeiros e seu desejo de se arriscar de modo cuidadoso e metódico.

SEUS TALENTOS: FORTALECENDO SUAS HABILIDADES E CAPACIDADES

Suas finanças representam apenas um aspecto da criação de um colete salva-vidas que lhe dá a confiança para convidar intencionalmente o risco à sua vida. No entanto, contrário à crença popular, seus recursos financeiros não são o componente mais importante de um colete salva-vidas robusto. Angie teve que passar por um divórcio devastador para perceber o que poderia lhe trazer segurança em seu mundo inseguro: seus talentos.

RISCOS NA CARREIRA E NA VIDA: A HISTÓRIA DA ANGIE

Você Controla Seu Talento

O ano de 2019 foi desafiador para mim. Quando passei pelo meu divórcio, também assumi uma variedade de identidades novas e indesejadas: mãe solo e divorciada. O processo em si também foi avassalador, imprevisível e bruto. Lembro-me de receber o Ano Novo na Costa Oeste, fazendo votos de que 2020 seria meu ano. (Eu sei…) No entanto, confesso que, se houve uma coisa que me preparou para a pandemia, foi ter que enfrentar um tsunami jurídico e emocional no ano anterior que consumiu todos os momentos de sono e de vigília da minha vida.

Na verdade, para ser justa, se houve qualquer bênção vinda do divórcio, foi que meu ex-marido e eu o realizamos da forma mais rápida e amigável possível. Comparei meu processo jurídico a fazer spinning: fazia o possível para continuar pedalando na velocidade e no ritmo dos advogados e do sistema jurídico. Sei que nem sempre é assim.

O processo emocional, porém, foi muito diferente e deveras intenso. Meu processo de luto tampouco foi privado, o que teria preferido. Vivo em uma cidade pequena, então, inevitavelmente, encontrava um amigo ou conhecido no supermercado que me fazia a bem-intencionada pergunta: "Como você está… mesmo?" Agradeço a preocupação deles, mas só parecia que não conseguia dar um tempo às atribulações que estava enfrentando.

A única trégua que encontrei foi na terapia, que era meu espaço sagrado para aprender um processo de avaliação totalmente novo sobre quem eu era, agora que estava divorciada, e o que queria da minha vida, agora que eu era a única no comando.

Essa última parte realmente me pegou de surpresa também. Por quase vinte anos, tive um parceiro, um colaborador, alguém com quem vislumbrar e moldar um futuro. Agora estava sozinha e era a única que contribuiria com meu futuro financeiro, o que me fez sentir bastante vulnerável.

Ao longo de minha experiência na Lead Star, sempre contei com o salário do meu ex para manter nossa família segura. Para mim, era a peça de meu quebra-cabeça da qual dependia para fazer as apostas em mim mesma para começar a empresa. Isso me dava a confiança de que, se fracassasse, não ficaríamos na pior. Agora, nessa nova fase da vida, minha segurança financeira, bem como a de meus filhos, dependia totalmente de mim. Caso fracassasse, todos estaríamos em problemas. O divórcio havia me deixado com menos da metade de minhas economias e com a necessidade de pagar ao meu ex-marido sua parte da casa que havíamos construído enquanto casados, a que meus meninos e eu adorávamos e queríamos manter como nosso lar.

Lembro-me de inúmeras conversas privadas que tive comigo mesma tarde da noite nas quais questionava minhas buscas empreendedoras enquanto tentava organizar toda aquela pressão financeira. Ficava pensando se agora não seria o momento de ir atrás de um salário constante e maior e com benefícios em alguma empresa, pois não tinha mais plano de saúde, para que pudesse ter uma vida mais equilibrada, segura e previsível. Durante dias, simulei ao máximo esse pensamento, imaginando diferentes cenários — um nesta empresa, outro naquela ou então em uma organização sem fins lucrativos —, só para ver como seria. Contudo, apesar de minhas tentativas, nada parecia se encaixar. Queria continuar desempenhando o papel no qual já estava, na Lead Star, no qual me sentia confortável, o que amava acima de qualquer outra coisa.

Lembro-me de sair para fazer uma longa caminhada no bosque, algo que sempre traz uma ótima conexão. Dei-me conta de que, tirando os primeiros anos como dona da Lead Star, a empresa se mostrava bastante estável. Houve crescimento na maioria dos anos, então, por que parecia mais intimidador continuar em meu atual caminho profissional? Não precisava da renda do meu ex para ter segurança (mesmo que certamente fosse de ajuda e valorizada). E, embora tivesse perdido metade de meus ativos financeiros, ainda tinha 100% de meus talentos. Por que precisaria mudar de emprego se o que tinha era um veículo para potencializar meus talentos para obter um sucesso ainda maior?

Tal percepção deixou claro para mim que eu não precisava de uma mudança profissional. Quando muito, precisava depender de meus talentos que vinha desenvolvendo nesse setor profissional e dobrar a aposta neles. Eram exatamente esses talentos que me ajudariam a reconstruir minha posição em um lugar mais forte do que nunca. Era neles que eu precisava apostar. Ao longo do processo do divórcio, passei muito tempo focada no que estava perdendo, tanto em parceria como financeiramente. Infelizmente, a parceria se fora e nunca mais voltaria. Mas o dinheiro que estava perdendo na partilha dos bens era totalmente renovável; eu ficaria com todos meus talentos e a capacidade de ganhar mais. Esse foi meu verdadeiro colete salva-vidas.

O TALENTO É SEU COLETE SALVA-VIDAS

Em nossa função como coaches, vemos profissionais que colocam mais confiança em um empregador, em uma organização, no governo ou na tolerância ao risco de outra pessoa do que em seus próprios talentos e habilidades. Eles acreditam que seu tempo em uma função é o que os mantem seguros, ou seus relacionamentos com alguém da gerência, e que se ficarem de cabeça baixa e fizerem o que lhes mandarem, então terão toda a segurança de que precisam.

É fácil acreditar que um emprego faz parte de seu colete salva-vidas. Na realidade, porém, é seu desempenho e sua habilidade de atingir padrões e se sobressair que o mantém empregado. Não é a posição, é como você cresce, contribui e exerce sua função. Seu talento, seu esforço e sua habilidade de se reerguer firmemente após percalços inevitáveis são os elementos fundamentais de seu colete salva-vidas. Seu talento é o que lhe cria oportunidade.

Vemos muitos profissionais que vão ao trabalho, fazem o trabalho — um bom trabalho, aliás —, mas que não desenvolvem suas habilidades e sua relevância. Jerry, pai da Angie, trabalhou como servidor público no ramo de educação. Durante seu tempo como diretor de colégio, ele normalmente observava dois tipos de professores:

- Aqueles com vinte anos de experiência.
- Aqueles com um ano de experiência, repetidos vinte vezes.

Todos podemos compreender a nuance encontrada nessas diferenças, assim como nossa preferência em como gostaríamos que alguém caracterizasse nosso desempenho no trabalho.

O desafio, obviamente, é saber do que precisamos para sermos bons no cenário profissional atual, sempre em evolução, especialmente com o rápido desenvolvimento tecnológico e as mudanças de normas sobre como o trabalho é feito. Nós, pessoalmente, devemos assumir posse disso para acompanharmos o ritmo. Dessa forma, quando defendermos os riscos no trabalho, estaremos fazendo isso no contexto do que é relevante, do que nos leva à frente e do que realmente agregará valor.

Muitos acreditam que o desenvolvimento profissional é responsabilidade do empregador. Essa não é nossa crença. O desenvolvimento profissional é nossa responsabilidade; você não pode ficar esperando que seu empregador o apresente à tecnologia emergente, a novas formas de colaborar e se conectar ou a melhores práticas da profissão. Se ele fizer isso, ótimo. Será um bônus! Você precisa ser a pessoa que toma posse de seu desenvolvimento, pois isso é crucial para sua mercadabilidade — não delegue essa responsabilidade a ninguém. A mesma mentalidade se aplica a empreendedores, consultores, empresários e outros que não têm um emprego tradicional. Ser confiável é sua moeda de troca.

Deixe sua habilidade à prova de balas futuras ao permanecer consciente sobre o que vem por aí, o que é atualmente valorizado e o que está crescendo em valor. Em geral, isso pode estar além de apenas expandir habilidades ou novas tecnologias; podem ser novas mentalidades ou prioridades; pode ser o que os concorrentes estão fazendo e sua empresa não. Líderes confiáveis garantem que sejam talentosos não apenas agora, mas que seus talentos também tenham relevância no futuro.

Isso é especialmente importante no ambiente atual, pois nunca sabemos ao certo o quão vulneráveis somos à disrupção, então, precisamos que nossos talentos estejam prontos para quando precisarmos deles.

CRITÉRIO: DESENVOLVENDO SUA HABILIDADE DE CONFIAR EM SI MESMO

O aspecto final de seu colete salva-vidas é seu critério, que definimos como sua habilidade de pesar fatos, ou possíveis linhas de ação, para tomar decisões sensatas. Desenvolver um critério sensato foi um componente essencial em nosso treinamento como fuzileiras navais, simplesmente porque muitas de nossas escolhas teriam consequências significativas para nós mesmas e para outros. O Corpo de Fuzileiros Navais sabia que enfrentaríamos muita incerteza nas missões à nossa frente, e, embora não pudesse nos dar um gabarito com as respostas aos cenários que encontraríamos, poderia nos ajudar a melhorar nossa habilidade para discernir o que era importante naquilo que estávamos experienciando e como usar essa informação para fazer escolhas melhores ao resolver um problema, passar por uma transição ou determinar a melhor forma de influenciar um resultado.

Isso foi incrivelmente valioso, pois o Corpo de Fuzileiros Navais sabia uma coisa sobre nós: éramos jovens. Tínhamos relativamente poucas experiências na vida. As pessoas com um critério sensato são muito experientes ou aprenderam com a experiência dos outros (ou, é claro, ambas as coisas). A instituição acelerou nossa educação em ambos os campos, sendo por isso que nossa cultura era tão focada em contar histórias, na leitura e na reflexão pós-ação. Ela queria que nosso critério fosse o mais rápido possível, então, aproveitava todas as chances para garantir que estivéssemos aprendendo.

No mesmo espírito, não importa onde estivermos na vida, nossas experiências estão limitadas àquilo a que fomos expostas; aprendemos ao longo da vida que uma das melhores coisas que todos podemos fazer é desenvolver continuamente nossas experiências indiretas. Ao compreender como e por que outra pessoa pensa, escolhe, tem sucesso ou fracasso, você abre sua mente ao aprendizado com a experiência dos outros e adquire uma habilidade única para reconhecer novas verdades, oportunidades e perspectivas que podem levar a decisões melhores quando apostar em si mesmo.

RISCOS NA VIDA: A HISTÓRIA DE COURTNEY

Perspectivas Novinhas em Folha a partir de Experiências Indiretas

Fui defrontada com muitas reflexões após fazer 40 anos, mas, como Angie me lembrava, ainda não era uma anciã.

Duas conversas distintas que tive nessa época me causaram uma forte impressão e moldaram minha perspectiva e meu critério desde então. Uma ocorreu em um escritório no último andar de um imponente arranha-céu, e a outra se desenrolou enquanto estava sentada na praia.

Falemos sobre o escritório primeiro. Havia passado o dia trabalhando com o CEO de 60 e poucos anos em uma empresa listada na Fortune

CRIE SEU COLETE SALVA-VIDAS

500. Conversar com ele sempre era uma ótima experiência indireta, pois era franco e específico quanto a detalhar suas intenções e seus pensamentos sobre as diversas escolhas que precisava fazer para conduzir a empresa ao futuro.

Estávamos discutindo sobre os estilos de liderança de seus colegas, e ele falou especificamente sobre uma mulher de sua organização que, para ele, precisava de uma mudança. Ele admirava seu talento, elogiou suas contribuições e, então, comentou sobre como seria melhor se ela saísse da empresa. Percebendo minha surpresa após ter ouvido sua radiante análise, ele explicou que ela tinha muito talento, "muita estrada a percorrer" (a mulher tinha minha idade), e que precisava estar em um lugar em que pudesse progredir e encontrar novos desafios. Ele admitiu que não compartilhavam do mesmo pensamento com relação aos problemas, mesmo assim, seu respeito por ela era enorme. Ele queria que ela encontrasse um lugar onde pudesse prosperar.

Eu a conhecia por sua reputação; tudo que ele disse sobre ela era verdade. Eu nunca havia visto a permanência dela no cargo da forma que ele vira, mas seu processo de pensamento me apresentou uma incrível imagem mental sobre como ver minhas oportunidades futuras: uma estrada. Duas semanas depois, fiquei sabendo que a mulher a quem o CEO se referiu havia saído da empresa. Se não fosse por minha conversa com ele, não estaria tão empolgada por ela ao vislumbrar seu início em um cargo em que poderia utilizar seus talentos ao máximo.

Muito bem, passemos agora à conversa na praia, que aconteceu depois de poucas semanas. Tal conversa memorável foi com meu pai, que já estava beirando os 80 anos na época. Enquanto o sol se punha e observávamos meus irmãos mais novos brincando com meus filhos na areia, estava me lamentando (de novo) de que estava velha, e meu pai me dizia como eu ainda era jovem. Juntos, estávamos recordando sobre onde ele estava quando tinha 40 e poucos anos. Depois de uma continha rápida, chegamos à conclusão de que, em 1980, ele tinha 42. Sua vida toda, como a conheço hoje, estava apenas começando. Três meses após fazer 42, ele se casou com minha fantástica madrasta. Aos 42, ele também só tinha dois de seus cinco filhos. Estava havia apenas onze anos na profissão em que se aposentaria décadas depois. Meu pai tinha basicamente a minha idade, e a estrada à frente dele era vasta.

Essas duas conversas foram reveladoras para mim. Elas não apenas me ofereceram uma perspectiva renovada, mas também me deram uma visão mais ampla sobre como minhas escolhas hoje podem me lançar em novas eras de crescimento, desenvolvimento e oportunidades, e quanto tempo, de fato, eu teria para viver as recompensas.

Embora seja impossível saber quantos dias temos à nossa frente, pode ser muito valioso, como líderes, imaginarmos a expansão de nossas estradas. Quer estejam faltando cinco ou vinte anos até nos aposentar, é confortante saber que temos tempo para reinventar, refazer ou nos comprometer novamente com uma decisão. Não estamos presos no tempo. Temos o poder de exercitar nosso critério e redirecionar nossa vida de formas pequenas ou significativas. Só estaremos ancorados ao tempo se assim o decidirmos.

Ao continuar desenvolvendo sua perspectiva sobre onde está na vida, sua habilidade para apostar em si mesmo cresce quando imagina o que virá a seguir, o que está faltando ou o que seu coração ainda deseja que se torne. Ao ver o mundo por meio dos pontos de vantagens e das experiências dos outros, sua habilidade para discernir o que é melhor para você se expande à medida que entende e aplica as lições aprendidas. Abraçar o agora também pode incluir compreender a longevidade e respeitar o fato de que ainda somos projetos em andamento. O sucesso e a segurança podem ser tão fugazes quanto apropriados — contudo, por mais rápido que possam desaparecer, podem ser recriados com seu talento e critério quando você fizer apostas cada vez melhores em si mesmo.

FORTALEÇA SEU CRITÉRIO

Para continuar progredindo como líder, desenvolvendo a perspectiva e a sabedoria que o permitirão fazer as melhores escolhas, queremos encorajá-lo a manter o desenvolvimento de seu critério ao:

- Aumentar continuamente sua base de conhecimento; escolhas sábias são fruto da sabedoria adquirida por meio da curiosidade e do aprendizado.

- Estar aberto a experiências diretas e indiretas; ser intencional ao perguntar às pessoas sobre seus cargos, suas responsabilidades e as maiores lições aprendidas. Os outros querem ajudar. Às vezes, você só precisa pedir.
- Refletir sobre suas experiências, explorando-as para extrair lições de vida.
- Buscar perspectivas externas que o ajudarão a informar as suas próprias; caso esteja sentindo que tem uma escolha difícil a fazer, busque seus guias — eles estão aí para ajudar. Nenhuma decisão difícil deve ser feita em um vácuo.
- Conectar-se com seus valores de forma contínua; não aplicar critério aos seus valores leva a coisas ruins (e, às vezes, antiéticas). Quando seus valores estão presentes em seu dia, eles servem como profecias autorrealizáveis.

Em outras palavras, devemos estar perpetuamente no modo de aprendizado. Isso é realmente importante, pois você nunca sabe quando seu critério será necessário em sua jornada de *Aposte em Você*, e, quando for, será importante que ele esteja em sua melhor forma. A antecipação de desafios e o preparo para enfrentá-los formam uma ótima combinação para fortalecer esse elemento de seu colete salva-vidas.

Com o passar do tempo, nosso critério nos permitirá tomar decisões melhores e, muitas vezes, mais criativas, quando a situação exigir o máximo de nosso esforço, ou que mudemos, sustenhamos, paremos ou comecemos algo novo. Sabe, aqueles momentos em que você para e pergunta *"O que preciso fazer agora?"*

Outra coisa crucial é que criemos não apenas uma linha de ação (LDA) nesses momentos, mas que tenhamos a habilidade de gerar diversas LDAs para estimular nossa reflexão e criatividade na situação. Sabemos que é impossível nos concentrar quando estamos nos sentindo estressados, desafiados ou pressionados. Esses são os momentos em que tendemos a pensar que podemos fazer A ou B, e só. Perdemos facilmente de vista que há muitas outras letras no alfabeto que podem representar soluções distintas aos nossos problemas e que, com tempo e consideração, podemos descobrir algumas delas para decidirmos o que é possível e o que é provável.

Por *possível*, nos referimos àquilo que pode ser feito. E por *provável*, à probabilidade de que isso ocorra de fato. Você precisa dos dois para vencer com o risco.

Quando estiver em meio ao nevoeiro do desafio, avaliar a possibilidade e a probabilidade o ajudará a discernir qual é sua melhor escolha perante o que está encarando. E quando enfrentar os desafios com a segurança financeira suficiente, com a forte crença em seu talento sempre em desenvolvimento e com o conhecimento de que seu critério é sensato (mesmo que nunca possa prever o futuro perfeitamente), estará pronto para o que vier. Isso inclui os momentos em que precisamos nos reerguer dos reveses, das decepções, dos percalços e dos erros que todos os líderes experienciam.

COLOCANDO EM PRÁTICA

- Identifique os pontos fortes e as áreas que precisam de atenção em seu colete salva-vidas (finanças, talento e critério) para que possa estar mais preparado ao risco.

- O dinheiro é uma barreira comum na exploração do risco. Deixe bem claro de quanto precisa para se sentir seguro financeiramente — não abrande nem exagere esse número.

- Reconheça que seu talento (e não uma empresa) é o que lhe permite estar seguro profissionalmente. Continue desenvolvendo a si mesmo e permanecendo relevante de acordo com a época.

- Seu critério pode se desenvolver com o passar do tempo apenas se você estiver aberto ao aprendizado — deixe o modo curioso ativado e busque aprender com as experiências dos outros, especialmente com o como e o porquê subjacentes às experiências vividas.

- Potencialize seu critério ao forçar sua reflexão a descobrir as LDAs (linhas de ação) que pode seguir de modo a tornar seus objetivos e sonhos prováveis. Não aposte *apenas* no possível.

Capítulo Sete

SAIBA QUANDO ESTÁ VENCENDO

"Ficamos tão ocupados observando o que está à nossa frente que não tiramos um tempo para apreciar onde estamos."
— Bill Watterson[1]

EM RESUMO

Uma busca insaciável por "mais" pode impedi-lo de valorizar o significado de sua jornada. Este capítulo o ajudará a focar como reivindicar o "V" em sua vida ao perceber plenamente as vitórias que está conquistando.

PARA REFLETIR

Vencer não se trata de um ornamento ou de um troféu. É uma emoção que pode ser cultivada internamente por você com o foco e a intenção certos.

Não procure externamente que outros lhe digam como deve ser o sucesso.

Você pode determinar seu caminho e como experiencia o sucesso.

Há alegria no simples. Uma vida bem projetada tem a vitória embutida nos menores momentos.

Lembra-se de quando os pôsteres motivacionais eram a moda no mundo corporativo? Sabe, aquelas imagens de uma equipe remando em perfeita sincronia, de uma gota d'água criando ondulações e de uma águia imponente com seus olhos voltados ao horizonte? As imagens eram sobrepostas a um fundo preto e, em letras brancas e em caixa alta, havia palavras como EXCELÊNCIA, TRABALHO EM EQUIPE ou COMPROMETIMENTO. É claro, elas posteriormente acabaram virando inspiração para muitos memes divertidos da internet. Mas, na época? Eram assunto sério.

Esses pôsteres serviam como lembretes de que há uma oportunidade a cada dia para nos esforçarmos rumo a realizações espetaculares para que possamos nos sentir vitoriosos, como se estivéssemos vencendo. Outra coisa: o conceito de vitória nessas imagens era representado em momentos épicos — uma medalha ao término de uma corrida, o pico de uma montanha.

Esses pôsteres eram — e ainda são — reflexos de nossa sociedade.

Existimos em um mundo orientado às realizações, em que a vitória é retratada como transitória e apenas conquistável em momentos "nós *versus* o mundo", quando estamos desafiando as probabilidades ou conquistando algo ou alguém.

O problema com a definição dada à vitória pela sociedade é que há um foco exagerado na glória — não na felicidade, na alegria, no contentamento e em outras características da vitória que enriquecem a vida, que são possíveis e realizáveis todo santo dia.

Nossa preocupação é a de que, se você aceitar a definição errada de vitória em sua jornada de *Aposte em Você*, acabará passando pelas vitórias cotidianas sem experienciar o sucesso que já conquistou, assim como o orgulho associado a quem é, tudo que tem e para onde está indo. Você precisa desse tipo mais amplo de vitória; ele alimenta sua confiança e permite que vivencie a plenitude — uma qualidade sempre ardilosa que buscamos em nossa jornada de enfrentamento de riscos e que, às vezes, pode parecer difícil de encontrar.

Este capítulo inteiro se concentra em como você pode perceber a vitória à sua própria, muito pessoal e significativa maneira, começando com uma ajuda para que veja a vitória a partir de um novo ponto de vantagem.

VITÓRIA: SUA VERDADEIRA CARA

Aqui vai uma pergunta para você: quando foi a última vez que sentiu que estava vencendo?

Se for como muita gente, é difícil de responder. Talvez seja necessário voltar no tempo e pensar em alguma realização que precisou de muito esforço e que veio acompanhada de um certificado ou de uma medalha ou placa. Provavelmente também é justo dizer que sua vitória foi definida por outra pessoa como um reconhecimento ao seu desempenho, e não por um sentimento interior que representava algo significativo.

Por outro lado: quando foi a última vez que sentiu que não estava vencendo? Imaginamos que essa pergunta seja mais fácil de responder e possa incluir momentos como os seguintes:

- Um relacionamento estava em estado de negligência.
- Você protelou a gratificação por tempo demais.
- Você não estava se sentindo valorizado no trabalho.
- Você decepcionou alguém em sua vida.
- Você estava em frangalhos.
- Você não atingiu o alto padrão que havia estabelecido para si mesmo.
- Você se sentiu anestesiado devido ao burnout.

Ao ler isso, caso esteja concordando com a cabeça a cada frase que passa, pensando *"Sim, sou eu mesmo, já passei por isso"*, muito provavelmente seu sentimento é o de que está em um beco sem saída na vida. Gostaríamos de argumentar que isso não é verdade. Pelo contrário, acreditamos que essa lista destaca o custo de uma busca incessante por mais, em vez de abordar a vitória de forma diferente e menos complicada. Afinal, se o custo da busca pelo sucesso incluísse qualquer uma das frases anteriores, por que é que alguém teria vontade de continuar pagando tal preço?

Queremos que compreenda que a vitória é uma emoção que capta seu orgulho em uma realização, seja ela grande ou pequena. A vitória pode ser encontrada muito mais prontamente do que em geral acreditamos, com ideias muito limitadas. Não estamos declarando aqui que todo mundo deva ganhar um troféu para cada coisa que fizer na vida, mas apenas que a vida nos apresenta pequenas vitórias de maneiras que podem nos trazer alegria e satisfação duradouras.

Imaginar a vitória como um espectro de oportunidades lhe concede a liberdade de pensar em diversas situações da vida em que seja possível declarar vitória. Sob essa nova luz, ela pode ser algo como:

- Alinhar as agendas cheias — sua e de seu(ua) parceiro(a) — de modo a encontrar um horário no meio da semana para almoçar juntos.
- Dar uma escapada da cidade para fazer um passeio de bicicleta com sua família junto à natureza.
- Ajudar um cliente a encontrar um novo uso para seu produto ou uma nova solução a um desafio.
- Fazer um curso de planejamento financeiro e descobrir novas formas de alcançar seus objetivos.
- Organizar um projeto de serviço comunitário no trabalho que permita que você e sua equipe causem um impacto positivo nos outros.
- Aprender como fazer pão ou um novo prato que surpreenda sua família.

Você também perceberá que, nessa lista, as respostas são muito pessoais. O que parece ser uma vitória para uma pessoa é algo completamente diferente para outra. Isso é realmente importante. A vitória nunca deve ser definida pelos outros; ela precisa ser definida por você. Assim, poderá ser intencional quanto a experienciá-la e, quando o fizer, aceitará as inúmeras emoções positivas que vêm junto.

Desenvolver sua própria definição de vitória também ajuda a garantir que você não esteja buscando dicas e pistas externas sobre como está indo na vida. Todos conhecemos alguém que faz isso; a pessoa mensura o sucesso se comparando a outras de maneiras muito artificiais. Ela analisa o exterior para ver quem está fazendo o que e quais coisas valiosas os outros possuem. Tais tipos de comparações não são saudáveis ou úteis. Podem levar a uma enorme insegurança e nos lançar em situações nas quais ficamos presos em uma esteira que representa a insaciável busca por mais — mais dinheiro, mais realizações, mais coisas que nos distraiam da vida —, pensando que o "mais" que adquirimos é o que nos fará feliz.

Já conhecemos e ouvimos sobre diversas pessoas infelizes e "bem-sucedidas" que tinham tudo de que precisavam, mas que não compreendiam a vitória de forma ampla o suficiente para perceberem que, por si sós e neste momento, elas não precisam de "mais" — precisam perceber que já têm o suficiente.

RISCO NA CARREIRA E NA VIDA: JOHN OATES

Quando Menos É Mais

Quando pensamos nas lendas da música Daryl Hall e John Oates, duas coisas surgem na mente: a música deles é maravilhosa e atemporal.

Seja lá o que tenham feito para permanecer no topo, está funcionando.

Com relação a esse segundo ponto, certamente é o que parece ser de longe. A dupla teve 34 músicas de sucesso nas paradas, sendo que 6 chegaram ao topo da lista das 100 principais da Billboard. Eles estão homenageados no Rock & Roll Hall of Fame. E, a cereja do bolo, estão em turnê juntos há mais de 50 anos. Qualquer uma dessas conquistas por si só já é impressionante. Mas, todas juntas? É estonteante.

Todavia, quando você ouve John Oates falar sobre sua ascensão à fama, não há nada parecido a uma marcha da vitória, apesar de ele ter tudo que o dinheiro pode comprar — casas, carros esportivos, um avião — e uma vida glamourosa — esposa modelo e noitadas no Studio 54. Ele contou que, com cada passo dado rumo às conquistas do sucesso profissional, ele percebia um declínio em sua vida pessoal, levando-o a um ponto em que seus relacionamentos sofreram. Ele havia perdido de vista quem era e o que realmente importava.

APOSTE EM VOCÊ

Seu dia de acerto de contas chegou quando seus contadores lhe disseram, sem rodeios, que depois de gravar discos, músicas de sucesso e de fazer turnê por quase duas décadas, ele estava falido — completamente. Esse foi o ponto de virada na vida de John.[2]

Ele começou vendendo todas suas posses, com a exceção de uma casa em um condomínio em Aspen, Colorado. Depois, retirou-se do cenário musical, algo que lhe purificou a alma, como descreveu.[3] Tirou seu bigode, mudando completamente sua aparência icônica, e passou a levar a vida de um homem das montanhas: andar de bicicleta, esquiar e fazer caminhadas. Posteriormente, casou-se novamente e começou uma família, momento em que passou a gravar o tipo de música que tinha significado para ele.

Tal mudança drástica de vida foi uma aposta nele mesmo; uma decisão que o forçou a sair dos holofotes e ingressar no desconhecido para redescobrir o que valorizava, o que era importante e o que era sustentável. Posteriormente, voltou a fazer turnês com Daryl Hall. Ele também gravou músicas solo e colaborou com músicos de country e blues — estilos de música que não estavam relacionados com seu sucesso comercial, mas pelos quais havia muito tempo ele era apaixonado. Após refletir, John disse: *"Você precisa me pagar para eu sair de casa, passar a noite em hotéis e viajar de avião. É para isso que sou pago. Tocar, na verdade, eu faço de graça."*[4]

John Oates não é o primeiro artista (ou profissional) a produzir uma quantidade gigantesca de trabalho e a alcançar os níveis mais altos, só para descobrir que, ao longo do caminho, perdeu de vista as pequenas coisas na vida que criam alegria e realização.

A boa notícia para todos nós é que o necessário para voltarmos ao "bom" não é uma caída rápida ao fundo do poço para que possamos recomeçar; é a percepção de que uma vitória melhor e mais ampla é necessária e de que mudanças pequenas e sutis podem trazê-la de volta à nossa vida.

PRECISAMOS DE NOSSAS VITÓRIAS

No Capítulo 3, falamos sobre os sonhos para alguns dos grandes objetivos que tem para si mesmo. Eles são importantes. Sua busca por esperança e maior sucesso é importante e inspiradora. Queremos que preste atenção na palavra *busca*. Em nossa jornada de correr riscos, as conquistas nunca o realizarão. É a jornada. As pequenas formas pelas quais podemos reconhecer como já vencemos na vida enriquecem nosso cotidiano. Isso também tem o potencial de mudar nossa vida.

O neurocientista cognitivo Ian Robertson pesquisou os efeitos da vitória e explicou que o sucesso nos molda de forma mais poderosa do que a genética e os remédios ou drogas. De fato, sua pesquisa demonstrou que, quando sentimos que estamos vencendo, ganhamos um impulso químico maior de testosterona e dopamina no cérbero que nos ajuda a criar novas formas de pensar e imaginar nosso mundo. Ele afirma que o sucesso é o maior transformador de cérebros que a humanidade já conheceu. E quando você muda seu cérebro, tudo muda. Lembra-se de que os pensamentos se tornam crenças, que se transformam em comportamentos? A vitória tem o poder de ajudá-lo a mudar seus pensamentos e ver a si mesmo como o herói de sua história de vida, e não a vítima nem o observador inocente. O verdadeiro herói, algo que todos queremos ser.

Ser herói não tem nada a ver com ser arrogante. Como em uma boa ficção, ser herói significa ser o protagonista — é você quem conduz a história rumo a um final melhor, obtendo o encorajamento a partir de suas pequenas vitórias ao longo do caminho. Nossa esperança em relação a você é a de que comece a pensar na vitória como um conceito duradouro, e não como uma busca de momentos passageiros.

RISCOS NA CARREIRA: HISTÓRIA DA ANGIE

O Sucesso Não Deve Parecer uma Tarefa

Quando Courtney e eu começamos nossa empresa, tínhamos grandes sonhos. Alguns eram quantificáveis — metas de receitas, clientes adquiridos, venda de livros. Outros eram mais sobre a experiência disso tudo. Tínhamos a fantasia de viajar pelo mundo em primeira classe, correndo de um aeroporto para outro, nos hospedando em hotéis cinco estrelas, usando roupas de marca, comendo receitas incríveis em restaurantes famosos e facilitando reuniões em escritórios sofisticados.

Em poucos anos, o sucesso com o qual sonháramos estava se tornando realidade. Nossos clientes nos pagavam passagens para o mundo todo de modo a fazermos consultoria em suas organizações e apoiá-los no desenvolvimento de líderes em todos os níveis. O público para nossas palestras estava aumentando, e nosso primeiro livro, *Leading from the Front* [Liderando de Frente, em tradução livre], continuava a vender muito. Certamente, estávamos em nosso caminho. O desafio, porém, era o ritmo. Nós nos movíamos rápido e passávamos mais tempo vivendo no futuro, imaginando do que precisaríamos em seguida, do que saboreando tudo que estava acontecendo no agora. Isso nos impediu de colher a alegria do presente ao reconhecer nossas vitórias, como as coisas simples nas quais trabalhávamos tão arduamente e que queríamos em nossa vida — momentos tranquilos em casa, ver nossos filhos brincar sem a distração da tecnologia ou até conseguir enviar nossos cartões de Natal a tempo.

Não demorou até que nossas ambições parecessem ser menos uma aventura e mais uma tarefa. (As roupas profissionais precisam de lavagem a seco; depois das viagens, isso era apenas uma das coisas a mais que precisávamos fazer. Chamo isso de "Administração da Vida" — algo que odeio, assim como a lista de coisas a fazer que vem junto.) Embora a impressão fosse a de que estávamos escalando a montanha do sucesso, o que de fato estava acontecendo era que estávamos em uma esteira... descendo uma ladeira. Nada a ver com a mobilidade de escalada que esperávamos.

A boa notícia é que Courtney e eu percebemos muito rapidamente que algo estava errado. Esse é o benefício de uma amizade em uma parceria profissional; nossas conversas sobre vida e trabalho se misturam, e notamos rapidamente tendências e padrões parecidos, como: *Parece que deveríamos estar vencendo, mas a sensação é horrível e não estamos mais nos divertindo. Precisamos mudar.*

Juntas, confrontamos o desafio, forçando-nos a pensar como queríamos que o sucesso fosse. Não o que almejávamos em forma de objetivo, mas de forma mais abstrata.

Tal percepção nos levou a colocar o foco em trazer de volta as alegrias simples ao nosso trabalho. Digo *trazer*, mas, na verdade, foi mesmo *forçar*. É difícil desfazer hábitos, especialmente aqueles que exigem que você diminua o ritmo. Durante nossas viagens profissionais, abríamos um espaço na agenda para visitar algum museu local, caminhar em um parque perto do hotel ou mesmo apenas pedir algo para comer e passar um tempo sozinhas no quarto do hotel — algo para trazer calma aos dias repletos de novas conexões com as pessoas. Começamos a construir barreiras mais fortes entre nosso trabalho e nossa vida particular, assim como respeitar os limites que a outra estabeleceu. Fizemos brainstorming sobre como poderíamos nos desconectar mais completamente no dia seguinte após uma viagem frenética. Começamos a dizer "não" para projetos consecutivos que mal nos deixavam tempo para lavar as roupas e refazer as malas.

Aprendemos que sonhos e objetivos são valiosos; eles nos colocam em um caminho empolgante. Porém, igualmente importante é imaginar como será o sentimento do sucesso quando chegar lá — esgotador ou revigorante? Todos queremos o segundo. Sonhos e objetivos mudarão — a vitória e seu espírito não precisam mudar. Para manter o sentimento de vitória em sua vida, a ideia é simples: seja tão intencional com suas emoções quanto é com a direção de sua vida.

IMAGINE COMO QUER QUE O SUCESSO FAÇA VOCÊ SE SENTIR

Precisamos reconhecer a vitória pelo que realmente é: um jogo interior. E um bom lugar para começar a fazer isso é refletir sobre o que a vitória é para você — em todos seus aspectos — e, então, pensar sobre como gostaria que seu sucesso o fizesse sentir. Como Angie contou, esse sentimento muda com o passar do tempo.

À medida que encara os riscos, queremos que eles o levem a um lugar bom e que lhe façam se sentir bem ao longo do caminho.

É necessário ter um pouco de experiência para saber como quer que o sucesso faça você se sentir. Saber do que não gosta o leva a descobrir o que fazer. Também é necessário ter reflexão e percepção enquanto pensa sobre onde está neste momento.

Gostaríamos que desse uma olhada nas duas colunas a seguir. Ao ler cada par de palavras, considere em qual coluna você passa mais tempo *neste exato momento*:

Gratidão	Inveja
Amor	Indiferença
Serenidade	Caos
Deslumbramento	Apatia
Esperança	Resignação
Orgulho	Insegurança
Curiosidade	Presunção
Satisfação	Descontentamento
Diversão	Amargor
Inspiração	Derrota
Aceitação	Ressentimento
Empatia	Julgamento

SAIBA QUANDO ESTÁ VENCENDO

A coluna da esquerda é obviamente o objetivo — tais qualidades, quando experienciadas, são o lugar onde a alegria e a plenitude podem ser encontradas. Isso é a vitória! No entanto, sejamos realistas. É necessário ter energia, foco e comprometimento para chegar lá. Não nascemos predispostos à gratidão; é mais fácil sentirmos ressentimento do que aceitação, e alguns de nós estão tão ocupados que nos identificamos mais com a apatia do que com o deslumbramento.

Se está descobrindo que passa muito mais tempo no lado direito dessa coluna, talvez seja hora de fazer uma auditoria em seus dias. Se não consegue se lembrar das duas últimas semanas porque foram uma correria de trabalho, deslocamentos, desafios e exaustão, cuidado: você não sentirá que está vencendo (como se não soubesse disso, não é?)

Caso suas últimas duas semanas não se enquadrem em sua definição de sucesso, pense mais sobre o que pode deixar de fora, em vez do que pode acrescentar, para permitir que tenha o espaço de modo a perceber que está vencendo. Menos é sempre melhor. Não é possível saborear as pequenas vitórias quando se está em um ritmo arriscado. Encontrar um ritmo sustentável faz com que sua percepção da vitória seja mais possível.

É necessário muito trabalho emocional para obter as qualidades listadas na coluna da esquerda. E, quando consegue isso, é necessário se esforçar ainda mais para mantê-las. Isso faz parte das disciplinas da vitória que são importantes abraçar, incluindo:

- Dormir bem. É mais fácil ser feliz quando se está realmente descansado.

- Observar a natureza. Há muita coisa com que se maravilhar lá fora. Separe um tempo para levantar a cabeça, encontrar uma janela e passar um momento apenas observando o que está do lado de fora. Se possível, faça uma caminhada. Essas práticas meditativas criam momentos breves de rejuvenescimento.

- Permanecer totalmente presente. Com que frequência sua mente e seu corpo estão em lugares completamente diferentes? Esforce-se para eliminar as distrações (como seu celular) nos momentos em que precisa estar presente.

- Comer com atenção plena. Alimentar-se na correria normalmente nos coloca em uma posição de apatia com relação às nossas vitórias. Além disso, nossa escolha alimentar diminui quando temos que pegar algo rapidamente e ir embora. Caso não tenha tempo para saborear uma refeição, as chances de ter tempo para sentir as emoções positivas com sua nutrição diminuem.
- Eliminar a culpa. Ela é a criptonita da alegria. No momento em que sentir culpa, pare um momento para entender o porquê e analise esses motivos além dela. Em excesso, a culpa vira um fardo sobre suas oportunidades de vitória. Examine esse sinal de alerta e trabalhe nessas mudanças, que, em geral, podem significar abrir mão de padrões irrealistas para si mesmo.
- Conectar-se profundamente. Procure passar tanto tempo se engajando com as pessoas quanto passa focado nas tarefas a realizar. Os dias comuns podem se tornar extraordinários se permitir que esses contatos se desenvolvam.
- Não encher sua agenda desnecessariamente. Caso tenha uma noite livre, ou um sábado em aberto, não marque algo só para mantê-lo ocupado. Esteja bem com o fato de ficar parado. A vitória muitas vezes pode ser encontrada nesses momentos.

Se descobrir que essas táticas estão agregando valor, mas ainda não resolvem muito, temos outra opção para você: considere um descanso para o risco.

DESCANSO PARA O RISCO: A PARADA ÀS VEZES NECESSÁRIA

Notícia de última hora: você não é uma máquina! Assim como os atletas se planejam para ter uma baixa temporada que os fortaleça para o desempenho máximo, não permita que suas baixas temporadas o peguem de surpresa. Seja intencional quanto a se planejar para os períodos frenéticos ao apreciar a intensidade que trazem, sabendo que precisam ser seguidos por um período de descanso. Se, por exemplo, você estudou à noite por três anos para se formar, enquanto cuidava da família e ia muito bem nos estudos, planeje tempo e espaço, após a formatura, com menos responsabilidade ou realizações à medida que se prepara para a próxima temporada. Pause suas buscas para se recuperar, relaxar e rejuvenescer por meio da imobilidade. O ritmo correto é uma parte importante da vitória sustentável e desfrutável.

Nesse mesmo sentido, sempre que um amigo ou colega nos alerta de que aceitou um novo cargo em outra empresa, nossa primeira pergunta é: "Quanto tempo vai tirar para descansar antes de começar?" Caso diga que é menos de duas semanas, ele receberá uma rígida nota de advertência nossa recordando que espaço e descanso são componentes para dar o pontapé inicial no novo trabalho com um vigor renovado. Menos de duas semanas normalmente não é o suficiente. Além disso, argumentamos, quando na vida você poderá ter muito mais tempo que isso para descansar? Se puder aproveitar, aproveite!

Ao longo deste livro, estamos falando sobre objetivos, sonhos, esperanças e dar passos rumo à incerteza. Nada em nossa mensagem diz que você deva ser um viciado em objetivos que não consegue apreciar a vida. Precisamos descansar para que possamos ser nosso melhor. Pense nisso da seguinte forma: se não tirar férias, estará fazendo um enorme desserviço a si mesmo, à sua equipe, à sua família e ao seu empregador. Acredite, é melhor para todo mundo, especialmente a você, quando tira um tempo para se renovar.

Embora possa tirar um grande período de férias por ano, permita-se tirar folga em períodos menores — uma viagenzinha aqui ou um feriado ali. Espalhe suas folgas. Não se planeje apenas para os momentos de maratona ao longo da vida, caso contrário, estará arriscando ter burnout, frustração e infelicidade. Além disso, você nunca deve correr uma maratona logo após ter corrido outra maratona. A busca incessante é um exagero e retarda sua habilidade de encontrar alegria nas pequenas surpresas de seus dias. O sucesso duradouro exige um descanso intencional dos riscos.

DESCOBRINDO A ALEGRIA NAS COISAS SIMPLES

Uma jornada exitosa de *Aposte em Você* normalmente exige paciência, persistência e compromisso para encontrar um ritmo constante que o permitirá trazer o risco ao seu cotidiano e encontrar alegria mesmo nas menores experiências.

A constância não parece empolgante, né? Até mesmo a palavra *simples* pode parecer entediante. Mas não precisa ser.

Uma vida bem vivida, na verdade, não tem a ver com quantos topos de montanhas conquistou, mas está mais relacionada com a forma como aproveitou as escaladas, experienciou a vida nos acampamentos de base e como administrou as descidas e os platôs. Claro, os cumes são empolgantes, mas são breves, temporários e estados especiais — não estados cotidianos. A satisfação mais profunda é possível quando você também está plenamente atento ao terreno sobre o qual se encontra. Conseguir se deleitar com o ritmo da vida cotidiana é uma habilidade muito mais valiosa do que saber como celebrar conquistas magníficentes.

EXPERIENCIE SEU SUCESSO

Contudo, quando tiver um momento de "topo de montanha", não deixe de erguer a cabeça e estar presente o suficiente para curtir a vista. É um processo pessoal e reabastece a confiança. Tire um tempo para refletir sobre o que o trouxe até aqui; entenda os fatores que o levaram ao sucesso e quais podem e devem ser repetidos. Também é possível extrair lições a partir dos obstáculos encontrados que você quer evitar no futuro:

- O que fiz (ou parei de fazer) para criar esta vitória?
- Quais talentos ou forças possibilitaram a vitória?
- Como posso usar o que aprendi para ter sucessos futuros?
- O que superei para alcançar a vitória? (Fazer isso é um lembrete importante da capacidade e dos recursos que adquiriu para o futuro.)
- Quais lições aprendi que posso aplicar futuramente?

Lembre-se, perceber que está vencendo significa que não está buscando alcançar a perfeição, mas reconhecer o progresso e o embalo obtidos no contexto da alegria e da satisfação predominantes.

RISCOS DE IMPACTO: A HISTÓRIA DE COURTNEY

Uma Nova Perspectiva Muda a Visão

Grande parte da fase inicial da Lead Star pode ser resumida na frase clássica da música "Changes in Attitudes, Changes in Latitudes", de Jimmy Buffet: "Ler os painéis de partidas em algum aeroporto grande me faz lembrar dos lugares nos quais já estive."* Como Angie contou, a vida estava em pleno movimento à medida que ampliávamos a Lead Star, de tal forma que, muitas vezes, eu não me dava conta de que déramos um grande salto à frente ou de que havíamos tido uma vitória.

Uma memória em um aeroporto cristaliza essa falta de percepção. Aconteceu durante uma época em que um de nossos maiores clientes era apenas uma startup. Essa empresa de tecnologia se concentrava em tornar o mundo mais aberto e conectado. Para tanto, sabia que suas equipes precisavam ter líderes em todos os níveis com a consciência do que era necessário para conquistar vitórias compartilhadas ao mesmo tempo em que abriam novos caminhos, criando uma plataforma que fosse adotada rapidamente pelas massas. Essa empresa era o Facebook. Não como você o conhece hoje, mas uma empresa fragmentada com pouco mais de 150 funcionários e baixíssima notoriedade.

Como era comum naquela época, eu estava "jogada" em um dos assentos de couro preto e bordas de metal na área de espera do Aeroporto LaGuardia. O descanso de braço cutucava minhas costas e era impossível me erguer de forma confortável, estando sentada de lado e com os pés apoiados no outro descanso de braço. Conversava ao telefone com meu tio favorito, Jack, meu grande mentor e apoiador. Estava detalhando minha passagem pela cidade de Nova York. Angie e eu passáramos diversos dias trabalhando com a equipe do Facebook localizada lá, incluindo dois líderes que haviam tido muito sucesso no Google antes de começarem a nova aventura.

---

* Original: *"Reading departure signs in some big airport reminds me of the places I've been."* [N. do R.]

A riqueza que havíamos visto era inacreditável. Um de nossos workshops para gerentes juniores foi feito na casa de uma executiva sênior. Era uma cobertura duplex maravilhosa no SoHo, tendo seu próprio elevador e diversas sacadas com lindas vistas da cidade. E, embora o apartamento fosse magnificente, não era esse o detalhe que contava ao meu tio. O que estava compartilhando era quanto eu respeitava a humildade e o espírito de serviço que aqueles executivos em particular haviam levado à experiência. Eram muito abertos ao aprendizado, dispostos a se engajar e focados em transmitir os pequenos detalhes ali em suas casas para os integrantes da equipe júnior, a maioria dos quais era bem jovem, não tinha dinheiro e estava exausta das longas horas fazendo o possível para levar a empresa para a frente.

Estava rindo com meu tio, contando como achava que os gerentes mais experientes seriam qualquer coisa menos as pessoas preocupadas, conscientes e compassivas com as quais tive o prazer de trabalhar naquele dia.

Após me dar um "sermãozinho" sobre ficar criando estereótipos (valeu, tio Jack!), nossa conversa passou a um tom mais sério quando falei um pouco sobre a insegurança que estava sentindo. Ela transparecia principalmente nas perguntas que estava realmente me fazendo, mas que foram levantadas ao meu tio.

— O sucesso grande realmente acontecerá para mim? Será que tenho o necessário? Essas pessoas já conquistaram muitas coisas — continuei —, e realmente estão tentando mudar o mundo para melhor. Fico me perguntando se algum dia conseguirei contribuir dessa forma.

Houve um silêncio na chamada enquanto esperava a resposta do meu tio. Uma série de perguntas quebrou o silêncio:

— Veja, Courtney, quem é que a equipe do Facebook contratou para os aconselhar sobre desenvolvimento de liderança? Eles poderiam ter chamado qualquer um. Em qual empresa estão confiando o desenvolvimento de seus funcionários?

SAIBA QUANDO ESTÁ VENCENDO

Isso chamou minha atenção. Meu tio continuou:

— Acho que você não está vendo, mas já tem sucesso. Está aconselhando pessoas incríveis que estão fazendo coisas ousadas. Você é uma pessoa incrível que está fazendo coisas ousadas. Não sei dizer se é rica como se tivesse ganhado na loteria, mas não tenha dúvidas de que está fazendo uma diferença. Está causando impacto.

É muito fácil me recordar daquela conversa hoje em dia, pois foi um momento real de revelação para mim. De muitas maneiras, minha vida até aquele momento havia sido uma busca. Uma aventura divertida, revigorante, em alta velocidade e com muita adrenalina (especialmente enquanto Fuzileira Naval), é claro, mas, ainda assim, uma busca. Estava sempre em movimento, rumo a um destino, sem nem mesmo considerar que talvez já estivesse chegado. Neste caso, claramente estava no topo de uma montanha, mas não conseguia ver. Às vezes precisamos que outras pessoas em nossa vida nos deem um bom empurrão para que levantemos nossa cabeça e percebamos onde estamos.

Embora não soubesse totalmente na época, hoje tenho certeza do seguinte: aposto em mim mesma para que possa apoiar, orientar e desenvolver outros para que façam o mesmo. Esse é meu propósito, essa é minha missão. Ao compreender isso, agora consigo ver mais claramente quando estou vencendo. Assim como também consigo ver melhor onde tropecei, saí de curso e passei por percalços — normalmente momentos em que estava concentrada na busca de algum novo prêmio, e não na jornada para contribuir.

Hoje, ainda adoro muito escalar. Tenho objetivos, ambições, esperanças e sonhos. Todos temos. Todavia, não estou mais na busca de alguma coisa. Em vez disso, aproveito a visão passageira no cume da montanha, saboreando e reconhecendo aqueles momentos especiais. E valorizo a descida, pois sei que ela me leva a outro platô de preparação — intencional, e não aleatória. Isso é vencer. Saber o que mais lhe importa e permitir que o ciclo de temporadas o leve para mais perto da alegria, da satisfação e da contribuição — e não para longe desses fatores que sustentam o sucesso.

SUCESSO DURADOURO E REPLETO DE ALEGRIA

Em última instância, sua jornada de *Aposte em Você* não se trata de criar momentos maravilhosos que acontecem apenas uma vez, mas de imaginar e criar experiências mais ricas. O propósito da vida é vivê-la. Isso significa reconhecer e abraçar as menores e mais discretas vitórias ao longo do caminho. Ao ser intencional sobre como gostaria de vencer, sobre como quer que essas vitórias o façam se sentir e sobre perceber todas as alegrias pequenas e simples ao longo do caminho, você perceberá que está curtindo grandes momentos de topo de montanha e as temporadas de descanso e preparação que os criam.

COLOCANDO EM PRÁTICA

- Lembre-se de que a vitória é uma emoção. Ela é encontrada nas pequenas e grandes conquistas que o deixam orgulhoso de si mesmo.
- Defina o que a vitória significa para você. Não procure externamente, pois isso o levará à busca insaciável por mais.
- Experiencie seu sucesso ao perceber suas vitórias e celebrá-las internamente. Essa prática aumenta sua confiança e reabastece sua felicidade.
- As vitórias podem ser ruidosas ou silenciosas. Não negligencie ou subestime as silenciosas; elas o permitem perceber tudo que você tem a cada dia.
- Entenda como a vitória faz você se sentir; saiba também que o sucesso ao qual aspira hoje pode parecer diferente quando alcançá-lo.
- Quando grandes coisas acontecem (como os momentos no topo de uma montanha), não deixe de levantar a cabeça e saborear a visão.

Capítulo Oito

PLANEJE-SE PARA OS MEDOS E OS FRACASSOS

"A maioria das grandes pessoas conquistou seus maiores sucessos apenas um passo à frente de seus maiores fracassos."

— Napoleon Hill

EM RESUMO

Este capítulo foca o que você precisa fazer quando se depara com o medo e o fracasso — não são a mesma coisa, mas fazem parte do mesmo grupo. Ter uma estratégia o permitirá saber o que fazer quando encontrá-los.

PARA REFLETIR

Seus medos são reais e saudáveis, embora possam ser desproporcionais às ameaças percebidas. Conheça seus medos, mas não permita que eles o dominem.

Tendemos a pensar nos fracassos como catastróficos; no entanto, há diversas formas de fracasso. Quando fracassar, a melhor forma de reagir é aprendendo, adaptando-se e aplicando.

A resiliência é o dom obtido ao deixar seus medos para trás e aprender com seus fracassos. Acolha as frustrações e valorize as imperfeições que a vida lhe oferece — não apenas elas o tornam único, mas a forma pela qual lida com elas determina seu sucesso.

Queremos que você visualize seu sucesso. Imagine-o tão claramente que consiga observar onde está, o que está fazendo no momento e até mesmo o que está vestindo. E também não o visualize apenas uma vez, mas com frequência, pois quanto mais pensar na realidade de sua conquista, mais provável será torná-la real.

A visualização é uma técnica poderosa praticada pela maior parte dos extraordinários atletas, magnatas, líderes de pensamento e influenciadores do mundo. Katie Ledecky,[1] nadadora e recordista mundial que ganhou sete vezes o ouro olímpico, afirmou que visualizava seu sucesso a ponto de sentir cada braçada durante as competições. Jim Carrey,[2] outro praticante famoso da visualização, não apenas imagina seu sucesso repetidamente, mas antes de sua fama, ele escreveu um cheque de US$10 milhões para si mesmo por "serviços de atuação", que carregava em sua carteira até que de fato se tornou realidade. (Ele faturou essa quantia posteriormente por sua atuação em *Debi & Loide*.)

Nossas imaginações exercem um poder enorme sobre nossas experiências. E, embora seja importante visualizar o sucesso que deseja em sua jornada de *Aposte em Você*, também é crucial pensar sobre os medos e fracassos que possa encontrar. Não para se demorar neles, mas para reconhecer e planejar como lidará com eles quando aparecerem.

Billie Jean King,[3] a lenda do tênis, contou diversas vezes que, antes das partidas, ela passava um tempo pensando em tudo que poderia dar errado e como reagiria, assim como nas coisas que poderiam acontecer e que estavam além de seu controle. Ela também focava especificamente seu lado da quadra — e não o do oponente —, sabendo que, se o sucesso fosse possível, estaria dentro de seu controle. E quando os erros aconteciam, algo inevitável, ela se esforçava para deixá-los de lado e não permitir que influenciassem os próximos movimentos.

Em sua jornada para correr riscos, queremos que se prepare para todas as coisas incríveis que virão à sua vida por meio das escolhas que faz. Também queremos que se planeje para duas palavras importantes em sua vida — *medo* e *fracasso* —, pois serão parte inevitável de sua jornada. E quando esses matadores de sonhos aparecerem, geralmente de mãos dadas, queremos que tenha um plano para eles, de modo que não fique paralisado nem que se torne prisioneiro deles.

OS TERRÍVEIS MATADORES DE SONHOS

Medo e fracasso — não são a mesma coisa, mas certamente pertencem à mesma categoria.

O medo é uma emoção primitiva desencadeada pelo pensamento de que alguém ou algo é arriscado ou perigoso e que poderia nos causar dano ou dor. Embora nossos medos possam ser saudáveis, em geral não são proporcionais às ameaças que enfrentamos.

Por exemplo: a chance de ser atacado por um tubarão é de 1 em 3,75 milhões.[4] A probabilidade de morrer em um acidente de carro é de 1 em 103.[5] Queremos saber: de qual você tem mais medo?

(Nós também temos mais medo dos tubarões.)

Claramente, nossos medos também podem ser irracionais, contudo, estão aí para nos informar de que a possibilidade de fracasso é certa. O fracasso é, afinal, nosso medo nº1 compartilhado.

Quando falamos sobre fracasso, normalmente pensamos em perdas catastróficas, embora ele tenha muitas nuances. Podemos senti-lo quando estamos constrangidos, quando erramos ou damos um passo em falso, ou quando passamos por decepções ou contratempos. Por exemplo:

- Sua família passa pelo processo final de adoção e não é selecionada.
- Você dedicou horas em uma proposta, e ela não foi aceita.
- Você passou o fim de semana organizando sua casa e só conseguiu arrumar a garagem.
- Ao enviar um e-mail, você clicou em "responder para todos", quando deveria ir para apenas uma pessoa (e o que você escreveu nunca deveria ter sido expresso por e-mail).

O dicionário define *fracasso* amplamente como a "falta de sucesso". Nesse caso, provavelmente há momentos de fracasso com os quais nos deparamos diariamente. O essencial, porém, é como você pensa em seus medos e fracassos, algo que se resume a como escolhe experienciá-los. Isso inevitavelmente determinará sua relação com eles e, o mais importante, com o resultado.

RISCOS NA CARREIRA: A HISTÓRIA DA ANGIE

A Escada para o Céu

A Officer Candidate School — OCS (Escola de Candidatos a Oficiais) em Quantico, Virgínia, é o local de treinamento para todos os oficiais que aspiram ser Fuzileiros Navais dos EUA. Eu a frequentei por seis semanas no terceiro trimestre entre o terceiro e o quarto ano da faculdade. A preparação para o treinamento não foi moleza; havia passado três anos na Naval Reserve Officer Training Corps — ROTC (Reserva Naval para Oficiais em Treinamento para os Fuzileiros Navais) na Universidade de Michigan estudando história militar, entendendo a cultura dos Fuzileiros e me preparando fisicamente para os rigores do extenuante programa com longas marchas e pouquíssimo sono. Se não fosse aprovada no programa, no qual cerca de 50% das mulheres não passam, teria não apenas que devolver o dinheiro de minha bolsa acadêmica, como também teria que lidar com esse gigantesco fracasso pelo resto de minha vida. Esse segundo caso parecia o pior.

Eu era a única mulher no programa da Reserva Naval que, na época, queria ser uma fuzileira. As outras iriam para a Marinha. Assim, juntamente com minha opção destoante em uma carreira predominantemente masculina, precisava acordar às 5h da manhã três vezes por semana para correr longamente, escalar cordas até os braços doerem e fazer infindáveis abdominais para me preparar para os aspectos físicos da OCS, tudo antes do início das aulas.

Senti que atingira meu preparo máximo quando cheguei na OCS, pois havia passado muito tempo treinando. Conseguir acompanhar minha turma na ROTC me deu a confiança e a coragem de que precisava para acreditar que conseguiria passar nos testes físicos. Mas após a orientação no treinamento da OCS, e depois de começar a ver todos os obstáculos que teríamos que superar para nos formar, comecei a ficar nervosa, pois muitos deles representavam desafios aos quais não havia como me preparar, obstáculos projetados com a altura média de um homem em mente — 1,80m. Sou baixinha, mesmo — 1,60m. Podemos dar um jeito para ficarmos mais fortes, mas não há treinamento para ficarmos mais altos.

PLANEJE-SE PARA OS MEDOS E OS FRACASSOS

A Escada para o Céu, em particular, era visualmente intimidadora, mas à medida que aprendi mais sobre o desafio, ela se tornou aterrorizante. É uma escada feita com toras que chega a quase 10 metros de altura, permanecendo totalmente na vertical. A singularidade dos degraus é que os que estão mais abaixo ficam mais próximos um do outro. À medida que se vai subindo, ficam cada vez mais distantes. Sua tarefa, como candidato, é subir por um lado e, quando chegar ao topo, rolar seu corpo por cima da última tora e descer pelo outro lado.

No dia do curso, fomos recordados de que não haveria nada para nos amparar conforme subíssemos e descêssemos. Também fomos orientados a termos cuidado, visto que um escorregão poderia causar uma fratura nas costas. Adorava o jeito indiferente com que nossos instrutores falavam isso, como se costas fraturadas fossem o mesmo que uma farpa na mão.

Enquanto "admirava" o obstáculo na sua base, ficou muito claro para mim que, para chegar ao topo, não conseguiria alcançar a última tora, agarrá-la e lançar meu corpo sobre ela. Teria que pular para me agarrar a ela, juntar todas minhas forças para atirar minhas pernas sobre ela e, por fim, conforme meus braços agarrassem a última tora desesperadamente, meus pés precisariam se debater até encontrar a tora abaixo que me levaria à descida.

Estava com medo. Muito. Não apenas medo físico. Costas fraturadas significavam sonhos quebrados. Não conseguiria entrar para os Fuzileiros, meu plano pós-faculdade. Teria que contar essa experiência constrangedora para amigos e familiares. Os transtornos e as consequências de não superar o obstáculo encheram minha mente rapidamente. Nem conseguia mais contá-los.

Mas sabia de uma coisa: onde quer que colocasse meu foco naquele momento, ali estaria minha atenção. Nossos instrutores nos disseram repetidamente ao longo do treinamento que a mente prevalece sobre o corpo: se não se importar com algo, isso não será importante. Se me concentrasse em meus medos e nos fracassos que surgiriam, minhas chances de sucesso seriam limitadas. Se me concentrasse no momento e no que precisava ser feito, teria a coragem para desafiar o sucesso.

Para mim, desistir não era uma opção, então fiz o que era preciso — enfrentar meus medos degrau a degrau. Subi os primeiros sem nenhum problema. Mas quanto mais me aproximava do topo, mais pensamentos sobre o perigo passavam pela minha cabeça sempre que me esticava um pouco mais para agarrar o próximo degrau. Fiz a escolha consciente de dispersá-los assim que surgiam. *Não pense sobre isso agora, Angie. Foque o agora e o próximo passo.* Venci mais um degrau, depois outro, e a tensão subia um pouquinho a cada tora superada. Quando finalmente cheguei ao antepenúltimo degrau, olhei a última tora lá em cima, respirei profundamente e sabia que estava preparada da melhor forma possível. Antes de saltar, recordei a mim mesma o que eu havia ido fazer ali. Disse a mim mesma que aquele obstáculo não impediria minha carreira nos Fuzileiros Navais e, com todas minhas forças, saltei, agarrei-me à tora e, sem perder nem um segundo, forcei meu corpo sobre ela. Quando meu pé encontrou a tora necessária para minha estabilidade do outro lado, suspirei de alívio de forma tão alta que tenho certeza que os instrutores conseguiram ouvir lá em baixo.

Eu havia passado horas lutando contra o medo associado à escada, mas conquistá-la levou apenas alguns segundos. E o orgulho que conquistei com o momento durará para sempre. Quando cheguei ao chão do outro lado, não consegui evitar dar uma paradinha e me sentir maravilhada com o que havia acabado de acontecer. Naturalmente, um dos instrutores da atividade viu meu sorriso e berrou: *"Está felizinha por que, candidata? Não para. VAI!"* Embora obviamente eu tenha obedecido à ordem, também gravei aquele momento na minha mente, sabendo que gostaria de recordá-lo muitas vezes posteriormente na vida quando me deparasse com qualquer tipo de medo, pois sabia o que precisava fazer: enfrentar a dificuldade. Os sentimentos de vitória compensam, e muito, o desconforto de encarar seus medos. E, ainda mais importante, se não dominar seus medos, eles poderão controlar os resultados que você experiencia ao ponto de tornar o fracasso possível.

ESTRATÉGIAS PARA PASSAR PELO MEDO E SE PLANEJAR PARA O FRACASSO

Nossos medos são definitivamente reais. Como também o poder de nossa atenção durante os momentos em que os sentimos. Quando suas sensações sinalizam que está com medo, não deixe que elas sequestrem seu foco e o consumam. Pelo contrário, empregue estratégias que lhe permitam dominá-las, racionalizá-las e dimensioná-las corretamente. Isso lhe possibilitará passar por elas em sua jornada de *Aposte em Você* e, assim, você experienciará o sucesso que o espera do outro lado das barreiras do medo.

Estratégia 1: Esqueça-se da "Perfeição"

O medo da imperfeição pode causar uma enorme procrastinação e interromper totalmente o curso de um sonho. Já conhecemos perfeccionistas autoproclamados que:

- Tinham medo de se candidatar para um novo emprego pois precisavam passar por mais uma experiência.
- Não compraram sua casa própria porque não conseguiam encontrar a perfeita.
- Nunca abriram uma loja online para vender seus produtos de artesanato pois achavam que seu trabalho ainda não estava bom o suficiente.

Ao longo deste livro, falamos sobre a conquista de objetivos como sendo uma série de passos que envolvem percalços, erros, experimentos e tentativas, começos e fins, bem como retrocessos para seguir em frente. Apostar em si mesmo não é um processo certinho, sempre direto e perfeito. Caso seja um perfeccionista, talvez tenha medo de assumir riscos, pois não fazer nada pode parecer uma ideia melhor do que fazer algo com chances de não dar certo — por "certo" nos referimos aos seus padrões geralmente alto demais e, às vezes, impossíveis de serem atendidos.

Quando o assunto é apostar em si mesmo, abandone seus objetivos perfeccionistas. Eles são fúteis e irreais. Em vez disso, planeje-se e prepare-se para os objetivos que identificou em seu caleidoscópio tendo a realidade em mente. Esforce-se para alcançar o suficientemente bom. Temos um ditado aqui na Lead Star: nosso bom o suficiente é danado de ótimo. Isso nos força a agir quando sentimos que estamos aplicando padrões perfeccionistas a algo que simplesmente não pode ser aperfeiçoado. E quando sentimos que há uma chance de aprender mais em nossa jornada e de aperfeiçoar a ideia ao longo do caminho? Então, ótimo, aplicaremos uma mentalidade de desenvolvimento iterativo. Bom o suficiente é um portal confiável para o caminho rumo à grandeza.

Em sua jornada, haverá coisas das quais tem medo. Haverá áreas e atividades nas quais você não é bom. A incerteza pode ser enlouquecedora. Esteja ciente da imperfeição, mas não a tema. Se ainda sente a necessidade de tentar aperfeiçoar algo, aperfeiçoe sua reação às suas tendências perfeccionistas — o esforço que você investe em saber como silenciá-las lhe dará a coragem de deixá-las para trás.

Estratégia 2:
Leve Seus Medos para o Campo de Batalha

Somos devotas de Sun Tzu. Se não conhece *A Arte da Guerra*, nunca é tarde demais para comprar um exemplar e absorver a sabedoria e as filosofias desse antigo general chinês cuja orientação é aplicável às guerras, às empresas e a tudo que fica entre as duas. Sua obra nos relembra de que: "*Se conhece o inimigo e a si mesmo, não precisa temer o resultado de cem batalhas.*"

Falamos sobre o autoconhecimento no Capítulo 2, a parte do "conheça a si mesmo" dessa citação. Mas e quanto a seus medos? Até que ponto você conhece esses inimigos?

É praticamente impossível conquistar o desconhecido. Em sua jornada de *Aposte em Você*, encare os fatos fazendo uma lista do que o deixa com medo, incluindo as coisas com as quais está nervoso e como a emoção da incerteza o faz se sentir. Saiba que é comum sentir tudo isso que identificou; ainda não encontramos nenhum guerreiro que não tenha ficado com medo.

O medo é saudável; a familiaridade com ele permite que você o dimensione corretamente para garantir que não o esteja exagerando. Seus medos também são um indicador de que você respeita o desafio perante o qual se encontra, de que não se tornou arrogante ou confiante demais ao encará-lo e de que sua ação direta é necessária para passar por eles.

Porém, deixar seus medos sem controle não é saudável, especialmente quando correm soltos. O que normalmente está subjacente nesse caso são

PLANEJE-SE PARA OS MEDOS E OS FRACASSOS

sentimentos complexos de preocupação, insegurança, falta de merecimento ou dúvidas antigas (em geral, plantadas por outra pessoa, mas há muito tempo aceitas sem questionamento por você).

Caso não resolva e confronte aquilo de que tem medo, seus medos podem se amplificar e facilmente controlar sua vida, visto que os sentimentos vão se desenvolvendo de acordo com a frequência com que os vivencia. Isso se chama *potenciação* e pode se manifestar de maneiras muito improdutivas e inúteis. Por exemplo, se está preocupado em perder seu emprego, até mesmo a mais rotineira das reuniões com seu chefe pode desencadear uma resposta de medo. Ou, se está nervoso com o novo método de vendas que está usando em seu trabalho, um comentário mais morno de um cliente sobre seu produto — e não sobre seu método — pode paralisá-lo.

Quando reconhecer cada um de seus medos, lute contra eles. Como Billie Jean King fez, imagine como lidará com eles quando encontrá-los, cada um deles. Veja a si mesmo passando por eles, deixando-os para trás e sentindo o sucesso apesar deles. Os jogos mentais de guerra fazem você se sentir treinado e preparado. As empresas fazem isso o tempo todo na continuidade do planejamento de operações. Precisamos fazer isso em nossa vida.

Além do benefício de planejar como superar seus medos, imaginar o campo de batalha permite que você defina seus limites, as linhas que não cruzará em sua jornada, pois já teve uma chance de visualizar seus medos e os possíveis fracassos. Você receberá bem alguns fracassos, mas haverá momentos em seus experimentos mentais nos quais perceberá outros fracassos que simplesmente não pode aceitar.

Nos Fuzileiros Navais, chamamos a isso de estabelecer o critério ir-não--ir. Em outras palavras, se conseguimos ir além de nossos medos até chegarmos em nossa jornada, nosso critério ir-não-ir estará lá para dizer se devemos persistir (vá!) ou ceder (não vá!).

Quando abrimos nossa empresa, usar esse critério nos permitiu testar a viabilidade e a sustentabilidade de nosso negócio. Nos primeiros anos, caso não alcançássemos certas metas de receitas, sabíamos que precisaríamos fechar as portas, pois não duraríamos muito. Posteriormente, quando ultrapassávamos as metas e trabalhávamos sem parar para atender às demandas de nossos clientes, estabelecemos um novo critério para os objetivos "vale a pena?" que estava mais relacionado com a ideia de que, caso perdêssemos nossa vida para a empresa, então qual era o sentido daquilo tudo?

Seu critério ir-não-ir o ajuda a entender quando precisa suscitar a coragem, o informa quando precisa aumentar e suster o esforço e muitas vezes indica quando você precisa ceder, pois o sucesso, pelo menos como o vislumbrou, não será alcançado.

E quando isso ocorrer — o sucesso não poder ser alcançado —, será preciso empregar a próxima estratégia, pois o fracasso machuca. Não há como escapar. E, paradoxalmente, os fracassos podem ser os maiores presentes que ganhamos na vida, pois todo o aprendizado e o crescimento que nos proporcionam nos dão uma oportunidade de desenvolver a resiliência. O difícil, porém, quando está fracassando, é acreditar tanto no valor da experiência a ponto de acolhê-la, dizendo a si mesmo: *"Meu eu futuro ficará muito agradecido por todo o sofrimento que estou suportando neste momento."*

Estratégia 3:
Planeje-se para os Fracassos

Celebramos os fracassos quando estamos treinando. Músculos avariados e rasgados são o precursor típico de músculos mais fortes e resistentes. Podemos valorizar tal noção em sua relação com a vida na academia, mas é um conceito realmente difícil de ser colocado em prática em todas as outras partes de nossa vida. Quer dizer, levar nossa vida aos pontos de fracasso para que possamos crescer.

Ninguém gosta de fracassar. Contudo, há muitas coisas boas que podem surgir de uma situação ruim. É como a arte japonesa chamada Kintsugi. É o processo no qual cerâmicas quebradas são restauradas, unindo as partes com um verniz misturado com ouro, prata ou qualquer outro elemento fino em pó. É uma linda forma de arte nascida da imperfeição. De fato, é o símbolo da resiliência que mais se aproxima da perfeição.

Queremos que você se prepare para os fracassos, que se planeje para que aconteçam. Veja, não é para planejar o fracasso de eventos específicos, como "Vou destruir a reunião com tal cliente na quinta-feira". Isso seria derrotismo. Você deve chegar à reunião com seu cliente preparado, treinado

PLANEJE-SE PARA OS MEDOS E OS FRACASSOS

e confiante de que pode arrasar. Porém, caso não funcione como espera, você precisa ter um plano de ataque sobre o que fará, de modo que os fracassos não influenciem seus sucessos futuros.

Um plano simples para o fracasso é aprender, adaptar-se e aplicar.

Dito de forma simples, é isso. Como tudo na vida, é mais fácil falar do que fazer.

O fracasso repetido é tolice; significa que o aprendizado não aconteceu. Você teve a experiência, mas não extraiu o benefício do erro. Depois, aprender sem mudar não faz sentido; do que vale saber de algo melhor e não se adaptar? Mudar sem aplicar significa que está deixando passar a oportunidade de expressar crescimento a partir da experiência.

Um fracasso não deve influenciar outro. Se teve uma reunião ruim, foi uma reunião ruim — aprenda, adapte-se, aplique e faça a próxima melhor. Não há necessidade de criar e carregar fardos. Além disso, não ceda à tentação de associar fracassos que não têm qualquer relação. Uma reunião ruim seguida por um pneu furado no dia seguinte não significa que o mundo está conspirando contra você. São duas situações separadas e sem qualquer relação.

Todavia, no mesmo sentido, se está percebendo erros, percalços e pequenos sinais de alerta repetidos e relacionados a uma área específica de sua vida, como no caso de as várias reuniões que fez não saírem como o planejado, então talvez esteja na hora de abrir os olhos. O fracasso raro, catastrófico e irrecuperável geralmente dá vários sinais de alerta antes de ocorrer. Quando o perceber, há opções. Você pode:

- Acelerar seu aprendizado, sua adaptação e aplicação.
- Guinar com ou sem elegância.
- Não fazer nada e arriscar afundar com o navio.

Perceba que nenhuma dessas opções inclui atribuir a culpa a alguém. Isso não é comportamento de liderança, e, além disso, as desculpas satisfazem apenas àqueles que as dão.

É um caminho delicado, sabemos, entender quando persistir e quando ceder. No entanto, quanto mais sintonizado e responsável estiver em relação aos seus passos em falso, mais presença e julgamento poderá exercer nos momentos em que uma decisão boa e sólida é necessária. Como a decisão de desistir.

RISCOS NA CARREIRA: A HISTÓRIA DE COURTNEY

O Poder da Desistência

Uma das lições mais valiosas que aprendi recentemente é que, às vezes, você precisa desistir de algo que começou, algo que vai totalmente contra a como fui criada. Meus pais sempre me disseram para persistir, segurar as pontas e tentar com mais afinco quando as coisas ficam complicadas.

Foi um ótimo conselho, até eu atingir certo ponto em minha carreira em que a complexidade do desafio que estava enfrentando se expandiu de modo significativo. Era difícil aceitar a ideia de desistir na primeira vez em que a considerei. Afinal, invisto profundamente nos compromissos que faço. Todavia, aprendi que desistir não deveria ser uma opção quando algo está difícil. Você deve apenas desistir quando a vaca foi para o brejo.

Por *vaca foi para o brejo*, me refiro a quando o sofrimento não vale a pena o esforço, quando o que pretende realizar não é possível ou quando sente que, para continuar, terá que abrir mão de algo importante — seus valores, sua integridade. Sei que, sempre que me sinto assim, uma guinada deselegante é necessária.

Certa vez, tive que fazer isso ao sair de um cargo com o qual fiquei muito empolgada em aceitar — trabalhar na diretoria para um cliente. A empresa estava em posição para crescer rapidamente e enfrentava os desafios e fricções normais associados ao sucesso. Ao longo de meu trabalho de consultoria para a companhia, passei a respeitar o fundador que estava liderando a empreitada. Seu talento e sua visão eram claros e inspiradores. Quando discutimos a ideia de eu aumentar temporariamente sua equipe, o que exigiria me mudar com minha família para a Europa, foi algo empolgante e aterrorizante ao mesmo tempo. Já havia encarado diversos riscos profissionais, mas nenhum havia envolvido e causado a disrupção de minha família de forma tão direta. Surpreendentemente, minha família não viu isso como uma disrupção. Todos ficaram empolgados com a ideia de viver um curto período no Reino Unido.

PLANEJE-SE PARA OS MEDOS E OS FRACASSOS

Aceitei a empreitada esperando o melhor, mas, como já havia ajudado muitas empresas a crescer, também estava profundamente ciente de que o fracasso era possível. Quando comecei a trabalhar na empresa, percebi rapidamente diversas ineficiências. A receita crescia, mas os sucessos recentes haviam inspirado uma onda de contratações que levaram a despesas gerais excessivas e a processos confusos de trabalho. Isso não foi alarmante ou surpreendente, mas levou a demissões em todos os escritórios globais. Também apoiei o desenvolvimento de uma nova estratégia para a empresa, que era um processo empolgante e engajador devido às muitas mentes brilhantes envolvidas. O momento era desafiador, mas havia muita esperança, e a vontade para agir rapidamente fez com que o sucesso parecesse altamente possível.

Quando parecia que nossa trajetória estava novamente nos trilhos, uma surpresa enorme nos atingiu. A empresa foi abalada pelo escândalo durante os primeiros estágios do movimento #MeToo.* Não entrarei em detalhes, mas direi que houve diversas alegações que precisávamos levar a sério. Devido ao meu relacionamento de alta confiança com o CEO, após muitas horas de discussões profundas, ele também entendeu por que eu estava defendendo uma investigação jurídica independente e um engajamento com uma empresa altamente respeitada de relações públicas. Isso foi um custo extra e era um convite à exposição, mas eu tinha uma forte convicção de que as empresas saudáveis também são transparentes. Senti que devíamos isso aos nossos funcionários.

Sabia que a empresa tinha a oportunidade de lidar com seu passado, aprender com a experiência e seguir em frente de forma ainda melhor. Contudo, isso exigiria humildade e comprometimento gigantescos para fazer a coisa certa, por mais desconfortável que fosse. Embora sentisse que nosso CEO estava pronto para essa jornada, alguns dos acionistas não estavam. Eles queriam proteger a empresa, assim como muitos dos acusados, e ficaram profundamente ofendidos por todos os "rumores" quanto aos cenários. Isso os colocou em profundo desacordo sobre como eu estava aconselhando a empresa a proceder.

Percebi que sair da empresa antes do planejado estava se tornando uma possibilidade. Isso era significativo para minha família e para a

---

* Movimento relacionado com o assédio e agressão sexual. [N. do R.]

Lead Star. Tínhamos um contrato multimilionário com o cliente que cobria os custos de meu cargo, e o engajamento de nossa equipe com a estratégia, o desenvolvimento de liderança e as iniciativas de mudança cultural. Havia um custo financeiro significativo nessa desistência em potencial.

Nesse turbilhão todo, o CEO e eu nos reunimos em um domingo para abrirmos o jogo. Compartilhei algumas preocupações não negociáveis que tinha sobre as práticas financeiras dentro da empresa, minha opinião sobre diversos conflitos de interesse na companhia e os passos que precisávamos dar para garantir a legitimidade de nossa resposta à crise causada pelas alegações. Também conversamos abertamente sobre meu emprego e o contrato da Lead Star em vigor. Saí daquela conversa, que durou horas, acreditando que tínhamos alcançado um entendimento. Embora não fosse minha intenção dar um ultimato de qualquer tipo, percebi que, com a clareza e a especificidade de nossas conversas, caso certas ações não fossem tomadas, precisaria sair da empresa.

Nos dias após nossa conversa, os compromissos que o CEO havia feito em nossa reunião foram descumpridos. Eu não queria pedir as contas, mas não tinha escolha. Fiz a transição o mais rápido possível, tentando não causar muitas turbulências nas operações.

A mudança foi abrupta, especialmente para quem estava de fora. Mas eu não tinha mais nenhuma opção e havia chegado rapidamente à opção nuclear, pois precisava fracassar rápido e seguir em frente. As consequências dessa escolha extremamente difícil também foram excessivamente árduas. Precisei minimizar o impacto da decisão perante minha família permanecendo no Reino Unido por tempo suficiente para permitir que meus filhos tivessem uma transição tranquila. Angie e eu tivemos que reconstruir a Lead Star após abrir mão do contrato lucrativo com a empresa. Não havia uma saída fácil; o único caminho para enfrentar o luto relacionado à perda e à decepção é o trabalho prático de limpeza da bagunça que ficou para trás.

Hoje, em retrospecto, ainda me pego desejando que as coisas tivessem ido por outro caminho. Não foram. Quando olho para trás, faço isso imaginando como poderia ter liderado melhor naquelas circunstân-

PLANEJE-SE PARA OS MEDOS E OS FRACASSOS

cias. Ao entender o que mais poderia ter feito, ou como poderia ter feito algo diferente, há valor tanto para o agora como para o futuro. Isso não altera minha escolha; eu tomaria novamente na mesma decisão, mas me esforçaria mais para encontrar um caminho diferente.

O fracasso não é definitivo. É um pequeno capítulo em seu grande livro da vida. Devemos estar dispostos a aceitar as inevitáveis temporadas de reveses advindos da busca que fazemos por nossas esperanças, nossos objetivos e sonhos, crescendo com eles e continuando em frente. Não sou um fracasso. Sou uma líder que fracassou muitas vezes. A cada vez, voltei melhor com a experiência e mais capaz de ir em busca de sonhos maiores.

FAÇA LUTO PELA PERDA

Potencializar os fracassos como experiências de aprendizado significa acolher totalmente as consequências e as emoções associadas com algo que não sai como o planejado. Permita que o luto aconteça; não lute contra ele nem o minimize. Esclareça o que é significativo quanto à sua perda e sinta isso. Você não obterá a recompensa da experiência se não conseguir processar a significância da perda.

O luto não é um processo linear. Não pode ser feito ao mesmo tempo em que faz outras coisas ou agendado como qualquer outra atividade em sua agenda. E não há uma maneira "certa" de experienciá-lo; basta estar presente para ele de modo a colher o benefício. Isso é um desafio para quem não tem tempo — aqueles que são orientados às conquistas e que gostam de caminhar *rápido* pela vida. (Lembra-se do Capítulo 1 — *devagar é suave, e suave é rápido*?) Não há nenhum truque de vida que o permita enganar o luto.

Mas há auxílios de vida. Como a habilidade de controlar o que pode controlar, algo que o ajuda a focar seus esforços. Não é possível controlar os outros ou as externalidades, mas você sempre pode controlar sua reação às situações.

Você também pode desenvolver sua capacidade de se desconectar e de se reestruturar. Quando uma experiência negativa aparece em sua cabeça, é muito fácil aplicar emoções negativas a ela e revivê-la em sua mente inúmeras vezes. No entanto, esse é um território perigoso, pois você fica remoendo, o que causa um estresse excessivo, desnecessário e inútil. Em vez de cair nessa armadilha, interrompa a situação, mentalmente falando, e procure encontrar outros caminhos a seguir. Em outras palavras, reestruture-se. Por exemplo:

- Se perdeu um cliente importantíssimo, em vez de focar tudo que deu errado, escolha pensar sobre tudo que aprendeu e no que fará diferente como resultado dessa experiência. Sim, pode haver consequências. Aceite-as, sabendo que são temporárias. Depois, imagine que está dois anos no futuro e pense em como gostaria de ver e caracterizar essa experiência ao recordá-la. A visão de longo prazo é uma ótima maneira de colocar as coisas em perspectiva.

- Se não foi selecionado para uma promoção, mas seu bom amigo foi, tudo bem se sentir decepcionado. Porém, não permita que sua frustração impacte seu relacionamento; procure ser o maior apoiador de seu amigo durante a transição. Pense no que gostaria que ele tivesse feito caso você tivesse sido promovido. Então, faça o possível para ser essa pessoa para seu amigo.

- Se o evento de arrecadação de fundos que você criou foi um fracasso total — a comida estava ruim, pouquíssimas pessoas compareceram e o objetivo de desenvolvimento não foi cumprido —, lembre-se de que, em duas semanas, isso não será uma catástrofe tão grande quanto é hoje. Responsabilize-se por seu processo de planejamento e pelo resultado, ao mesmo tempo em que é compassivo consigo mesmo. Talvez esteja constrangido; permita que essa emoção seja temporária. Com o espírito certo, haverá uma chance de olhar para trás e dar boas risadas sobre as decisões erradas que tomou, assim, poderá compartilhá-las para o benefício do aprendizado de outra pessoa.

Essa última observação é fundamental. Nossos fracassos apresentam experiências indiretas fantásticas para outra pessoa. Você não precisa escondê-los; encontrar a coragem para falar a respeito de seus erros pode ser muito libertador. Com o tempo, você também aprenderá que, quanto mais compartilha, mais os outros compartilham e mais todos valorizam aquilo que nos conecta nesta Terra: a realidade de que ninguém é perfeito e de que todos cometemos erros.

DESCUBRA A RECOMPENSA

O medo e o fracasso são presentes. Como com qualquer presente, você tem uma escolha: pode guardá-lo fechado no guarda-roupa; pode dá-lo para outra pessoa, passando seu nervosismo, suas inseguranças e sua culpa para outros; ou pode abri-lo e descobrir que aquilo que parece assustador e devastador pode ser exatamente o que desbloqueia seu potencial, o que aconteceu com uma mulher que nos inspira.

RISCOS NA CARREIRA E NA VIDA: MAYA GABEIRA

Inovando e Alcançando Novos Níveis

Se já tentou surfar alguma vez, sabe dos desafios associados a remar em uma onda e tentar ficar de pé e se equilibrar na prancha. É uma experiência que nos ajuda a desenvolver a humildade. De fato, podem ser necessárias horas de prática apenas para fazer o básico, como surfar uma onda de um metro. Consegue imaginar, então, as horas, o treino e a preparação que devem ser necessários para surfar as grandes ondas? Ou, aliás, as maiores ondas conhecidas da humanidade?

Maya Gabeira consegue, pois ela fez isso. Em 2018, ela estabeleceu o primeiro recorde mundial feminino em grandes ondas[6] quando surfou uma de 20,7 metros. E em 2020, ela marcou um novo recorde novamente, surfando uma de 22,4 metros — a maior onda, de fato, que qualquer homem ou mulher surfaria durante a temporada de 2020.

APOSTE EM VOCÊ

Nada disso teria sido possível se ela tivesse permitido que seus medos e fracassos a paralisassem.

Em 2013, seu primeiro ano caçando as maiores ondas do mundo em Nazaré, Portugal, Maya sofreu um tombo enorme[7] que não apenas quase encerrou sua carreira, mas quase acabou com sua vida. A força das ondas quebrou sua fíbula direita no meio, enquanto a segurou debaixo d'água repetidamente por períodos extensos. A certa altura, ela ficou flutuando de cabeça para baixo por mais de um minuto. Seu parceiro de surf a puxou para a areia e a ressuscitou fazendo RCP.

Sua recuperação levou quatro anos e três cirurgias nas costas. Segura aí um segundo. *Quatro anos*. Para um atleta, esse período longe do esporte aniquila a alma. Isso provavelmente a fez se questionar também se surfar em competições seria ainda uma possibilidade.

Durante esse período, mais devastações aconteceram. Ela perdeu todos seus patrocinadores, ficando sem renda para bancar seu futuro. Enfrentou um distúrbio de ansiedade e ataques de pânico frequentes, que podem trazer a sensação paralisante de qualquer distúrbio físico. Ela também foi repreendida e advertida por lendas de seu esporte, incluindo Laird Hamilton, que a criticou após o desastre de 2013[8] por não ter as habilidades necessárias para tentar ondas gigantes.

Contudo, durante essa época, Maya fez o trabalho. Um tipo diferente de trabalho por causa do benefício de sua experiência.

Os caminhos óbvios para Maya melhorar após sofrer um golpe tão forte teriam incluído melhorar sua natação, sua força, seu equilíbrio e sua técnica. E, embora ela tenha passado tempo nesses fundamentos do surf, sua habilidade em extrair significado de sua crise e forçar seu pensamento para além dos componentes óbvios de seu desempenho foram os fatores que a permitiram sair de sua pior experiência para se tornar a melhor do mundo em apenas sete anos.

Ela sabia que precisava crescer de formas criativas e, para isso, percebeu que também precisava se tornar melhor não apenas como indivídua, mas como colega de equipe. Sua transformação se deu ao se tornar uma parceira mais forte com a esperança de inspirar os melhores surfistas de grandes ondas a quererem fazer equipe com ela.

PLANEJE-SE PARA OS MEDOS E OS FRACASSOS

Dessa forma, sua recuperação não se concentrou apenas na cura, mas também em apoiar os outros. Na modalidade de surf em que o surfista é rebocado por jet ski até a onda (tow-in surfing), os atletas vão em equipes de dois ou três, sendo que um conduz o jet ski e outro fica de olho para fazer o resgate caso o surfista caia e seja atingido pela força incrível daquelas ondas monstruosas. Ela aprendeu a pilotar o jet ski e a realizar o resgate com excelência, então, quando estava em condições de surfar novamente, foi vista como uma parceira viável para Sebastian Steudtner, um surfista premiado da Alemanha. Ser uma parceira melhor a permitiu ser melhor como um todo.

Depois de sua última cirurgia, Maya retornou, dando seu melhor de maneiras que a comunidade de surf jamais pôde imaginar.

Esperamos que a história de Maya o inspire da mesma forma que nos inspirou; é um testemunho verídico de que o medo e o fracasso não precisam paralisá-lo. Se estiver aberto às lições que pode aprender, poderá usá-los para beneficiar sua vida de formas inimagináveis. Para Maya, isso significava surfar. E para você? E aqui há algo empolgante: você tem o poder de definir o sucesso que lhe importa. As esperanças, os objetivos e os sonhos que imagina para si mesmo começam a ficar disponíveis quando você encara um risco, seguido por outro, em sua jornada de *Aposte em Você*.

Todos os líderes experienciam o medo e o fracasso. Os melhores líderes passam pelos vales como alunos curiosos. Assumindo suas perdas, examinando-as para extrair lições e trabalhando para adaptar e aplicar o ensinamento. Abraçar o risco significa se preparar para os passos em falso e para os contratempos, sabendo que eles nos permitem passar por experiências valiosas que tornam o caminho rumo ao grande sucesso mais significativo, alegre e provável.

COLOCANDO EM PRÁTICA

- Familiarize-se com seus medos e os coloque no campo de batalha; assim, quando encontrá-los, estará pronto para deixá-los para trás.
- Aceite os fracassos como parte de sua jornada de *Aposte em Você*. São inevitáveis e precisam ser apreciados, visto que são ótimos professores que a vida nos dá.
- O fracasso raro e catastrófico é geralmente precedido por sinais de alerta. Fique de olho aberto. Eles o impedem de fracassar demais.
- Saiba quais são seus critérios de ir-não-ir; use-os para informar sua decisão de persistir ou de ceder.
- Não desista quando as coisas ficam difíceis; desista quando a vaca for para o brejo.
- O luto não pode ser colocado em sua agenda como uma atividade qualquer ou estar presente ao mesmo tempo em que você faz outras coisas; ele deve ser processado para que você possa crescer com seus fracassos.
- Quando aprender, adaptar e aplicar as lições aprendidas com seus fracassos, você terá a oportunidade de ressurgir mais forte e melhor.

CONCLUSÃO

VOCÊ ENTENDEU: UM PASSINHO APÓS O OUTRO

Em sua jornada de *Aposte em Você*, você aprendeu que encarar o risco não é apenas uma decisão gigantesca que altera imediatamente a direção de sua vida.

Assumir riscos realmente se resume a enfrentar corajosamente a incerteza e fazer escolhas pequenas, diariamente, que o levam aos seus melhores sonhos e aos objetivos que tem para si mesmo e que o permitem desenvolver seu potencial.

Você ainda tem muito a descobrir sobre o que o deixa feliz, o que cria plenitude e o que traz mais significado à sua vida. Imagine: ao assumir pequenos riscos, você pode fazer algo acontecer todo santo dia para si mesmo que o surpreende e o encoraja a assumir riscos ainda maiores. Riscos pequenos como:

- Marcar um horário com seu supervisor para discutir novas maneiras pelas quais você gostaria de contribuir com a equipe e como um horário flexível ajudaria seus esforços.
- Encontrar uma margem em sua vida para experimentar novas ideias e testes de risco.
- Esboçar um plano de negócio e conversar com um agente de empréstimos sobre o quanto você está qualificado para financiar a empresa que quer abrir.

CONCLUSÃO

- Consultar uma universidade para explorar o que será necessário para voltar a estudar.

Qualquer uma dessas escolhas representa uma oportunidade para dar seguimento a um sonho que vem guardando. Além disso, o que é pior do que não encarar esses tipos de riscos? No futuro, olhar para trás e desejar que tivesse tido a coragem de fazer uma coisa pequena após a outra.

Arriscar-se é como um músculo, desenvolvido ao longo do tempo e com sua confiança e habilidade para ser mais autodependente. À medida que descobre as pequenas vitórias que encarar os riscos pode trazer, você se colocará em novas áreas de exploração que o permitem aprofundar os sentimentos de uma vida vitoriosa que são mais duradouros e sustentáveis.

Mal podemos esperar até que descubra as recompensas que apostar em si mesmo pode trazer. As pessoas que assumem riscos são, em última instância, mais satisfeitas e contentes com sua vida do que aquelas que só vão pelo caminho seguro.[1] Além do mais, o caminho batido que você vem trilhando chegou ao seu limite. É hora de sair dele e abraçar um novo conjunto de habilidades que o permitirão ser o *mais* que deseja nesta vida — seu eu mais capaz, confiante e melhor que atinge as expectativas que tem para si mesmo.

Só você sabe o que está suprimindo e o que o impede. Tais barreiras invisíveis, e geralmente autogeradas, não lhe servem de nada. No melhor dos casos, estão impedindo sua Ítaca — uma ideia pela qual todos deveríamos estar lutando em nossa jornada de vida.

QUAL É SUA ÍTACA?

O poeta Konstantinos Kaváfis escreveu a clássica obra *Ítaca* em 1911, um texto que ilumina tudo que está disponível a você quando é intencional em convidar o risco à sua vida diariamente.

O poema é inspirado nas obras de Homero, *Ilíada* e *Odisseia*, centrando-se no rei grego Ulisses, um herói da guerra troiana que está saindo de Troia rumo ao seu lar, Ítaca, uma ilha da Grécia. Sua viagem leva dez anos.

CONCLUSÃO

Durante essa década, Kaváfis recorda Ulisses sobre os perigos que encontrará em sua jornada — *Lestrigões, Ciclopes e o raivoso Poseidon* — apenas se lhes der atenção e os carregar em sua alma. Ele encoraja Ulisses a fazer um grande desvio passando por portos que nunca havia visto, e comprar e explorar — *que possas parar nas estações fenícias de comércio e comprar coisas finas*. Kaváfis também o recorda de que deveria separar um tempo em sua jornada para crescer — *visite muitas cidades egípcias e vá aprender com seus eruditos*.

Embora Ulisses nunca devesse se esquecer de que estava indo para casa, Kaváfis o recorda de não apressar seu retorno a Ítaca para não perder as riquezas que a jornada dispõe. *Melhor se durar anos, pois estará velho quando chegar à ilha, rico com tudo que ganhou ao longo do caminho*.

A jornada não se trata do destino; o destino é uma direção que inspira aprendizado, crescimento, descoberta e oportunidade. *Sábio como se tornará, tão cheio de experiência, terá então entendido o que essas Ítacas significam*.

Todos temos uma Ítaca que agita nossos sentidos, entretém nossa imaginação e cria maravilhas. É menos um destino e mais uma direção à qual caminhamos para descobrir o que devemos experienciar e fazer nesta Terra na qual fomos colocados.

Jamais haverá duas jornadas iguais a Ítaca, mas saiba que você não precisa caminhar rumo à sua sozinho.

Ao longo de seu processo de repensar o impacto que assumir riscos pode ter em sua vida, você realizou o trabalho de definir o significado pessoal de sucesso e significância. Você percebeu que uma abordagem de caleidoscópio ao risco é inspiradora por causa de seu equilíbrio integral de vida. Você tirou tempo para identificar guias — Veteranos, Campeões e Não Escolhidos — que estão prontos para juntar esforços e garantir seus lugares na arquibancada para torcer por você, estando à sua disposição quando precisar deles.

Você também está convidado a fazer parte de nossa comunidade de liderança, que temos desenvolvido há décadas. Visite www.leadstar.us [conteúdo em inglês] e descubra como se engajar conosco e com a comu-

CONCLUSÃO

nidade de "corredores de risco" que querem ver seu sucesso. Estamos aqui para apoiá-lo e queremos garantir que você tenha alguns dos maiores líderes ao seu lado.

Agora, está pronto para encarar riscos. Os próximos passos são com você. A boa notícia é que você tem isto: está pronto para fazer suas apostas mais importantes — as apostas em si mesmo.

NOTAS

Capítulo Um

1. Nicola Yoon, *Everything, Everything* (Nova York: Delacort Press, 2015), p. 68.
2. Q Score: um Q Score ou Q-rating classifica a familiaridade ou apelo de uma pessoa ou item famosos. Quanto maior o Q Score, mais estimada é a pessoa ou o item.
3. Ann Patchett, "The Book of Reese", *Vanity Fair*, 17 de março de 2020, https://www.vanityfair.com/hollywood/2020/03/the-book-of-reese.
4. Em 2021, Reese vendeu sua empresa para o Blackstone Group, algo que ela fez para ajudar sua empresa a "contar histórias ainda mais interessantes, impactantes e esclarecedoras sobre a vida de mulheres globalmente". https://variety.com/2021/film/news/reese-witherspoon-hello-sunshine-sold-1235032618/.

Capítulo Dois

1. Janet Champ, Charlotte Moore, propaganda da Nike, *Cosmopolitan*, dezembro de 1991, https://quoteinvestigator.com/2020/12/08/destined/.
2. Jonathan Coulton, "The Princess Who Saved Herself", site Joco, https://www.jonathancoulton.com/2010/08/16/the-princess-who-saved-herself/.
3. Josh Eells, "Dwayne Johnson: The Pain and the Passion That Fuel the Rock", *Rolling Stone*, 4 de abril de 2018, https://www.rollingstone.com/movies/movie-features/dwayne-johnson-the-pain-and-the-passion-that-fuel-the-rock-630076/.

NOTAS

4. Andrew Nagy, "The Esquire Interview: Dwayne 'the Rock' Johnson", *Esquire Middle East*, 4 de julho de 2018, https://www.esquireme.com/content/28591-the-esquire-interview-dwayne-the-rock-johnson.
5. Luke Norris, "Dwayne Johnson Reveals the Moment He Hit Rock Bottom in His WWE Career", Sportscasting, 9 de junho de 2020, https://www.sportscasting.com/dwayne-johnson-reveals-the-moment-he-hit-rock-bottom-in-his-wwe-career/.
6. The Rock no Instagram: "Minha carreira como lutador profissional foi repleta de momentos épicos altos e baixos, porém, o mais importante foram as lições que aprendi... Sempre honro (e protejo) meu relacionamento com as pessoas. E não tenha medo de recuar, mesmo quando for contraintuitivo, pois não há uma lição mais 'fundo do poço' do que milhares de fãs gritando 'Rocky é um merda' em todas as arenas do país. Esse foi meu baixo. Até que me tornei eu mesmo. E isso se tornou meu alto." https://www.instagram.com/tv/CAKy_mXF-mv/?utm_source=ig_embed.
7. Josh Eels, "Dwayne Johnson: The Pain and Passion That Fuel the Rock".
8. Friederike C. Gerull e Ronald M. Rapee, "Mother Knows Best: Effects of Maternal Modelling on the Acquisition of Fear and Avoidance Behaviour in Toddlers", *National Library of Medicine* 40(3), março de 2002, pp. 279-87, doi: 10.1016/s0005-7967(01)00013-4.

Capítulo Três

1. Bob Samples, *The Metaphoric Mind: A Celebration of Creative Consciousness* (Reading, MA: Addison-Wesley Publishing Company, 1976), p. 62.
2. A fonte é o Center for Creative Leadership — uma organização sem fins lucrativos que vem pesquisando experiências desconfortáveis e seus valores para o desenvolvimento.

Capítulo Cinco

1. "Dolly Parton Explains Why She Didn't Let Elvis Record 'I Will Always Love You'", Wide Open Country, 12 de fevereiro de 2016 (atualizado em 6 de outubro de 2020), https://www.wideopencountry.com/the-greatest-country-love-song-of-all-time.

2. Marianne Stenger, "How Reverse Planning Can Help You Reach Your Goals", informED, 13 de julho de 2018 (um blog mantido por Open Colleges), https://www.opencolleges.edu.au/informed/features/reverse-planning-can-help-students-reach-goals.

Capítulo Seis

1. Daniel Kahneman e Angus Deaton, "High Income Improves Evaluation of Life but Not Emotional Well-being", *Proceedings of the National Academy of Sciences* 107(38), setembro de 2010, 16489–16493, https://www.pnas.org/content/107/38/16489.

Capítulo Sete

1. Bill Watterson, *The Calvin and Hobbes Lazy Sunday Book* (Kansas City, MO: Andrews McMeel Publishing, 1989), p. 60.
2. Alan Paul, "John Oates Stands Alone", *Wall Street Journal*, 9 de outubro de 2020, Weekend Confidential, https://www.wsj.com/articles/john-oates-stands-alone-11602258995.
3. Helen Brown, "Daryl Hall & John Oates: 'Michael Jackson told me at Live Aid that 'I Can't Go For That' had inspired 'Billie Jean'", *The Independent*, 2 de outubro de 2020, https://www.independent.co.uk/arts-entertainment/music/features/hall-oates-interview-michaeljackson-hunter-s-thompson-maneater-lyrics-tour-b694510.html.
4. Craig Rosen, "John Oates Discusses His Famous Mustache and Favorite Musical Memories", Yahoo! News, 8 de julho de 2016, https://www.yahoo.com/news/john-oates-discusses-his-famous-mustache-and-171741210.html.

Capítulo Oito

1. Jessica Rovello, "5 Ways Katie Lydecky, Michael Phelps, and Other Olympians Visualize Success", *Inc.*, https://www.inc.com/jessicarovello/five-steps-to-visualize-success-like-an-olympian.html.
2. Oprah Winfrey, "What Oprah Learned from Jim Carrey", Oprah.com, 12 de outubro de 2011, https://www.oprah.com/oprahs-lifeclass/whatoprah-learned-from-jim-carrey-video.

NOTAS

3. Hope Perlman, "5 Secrets of Sustainable Success by Billy Jean King", *Psychology Today*, 7 de outubro de 2013, https://www.psychologytoday.com/us/blog/unmapped-country/201310/5-secrets-sustainable-success-billy-jean-king.
4. Kelly McLaughlin, "Here Are the Chances of Getting Bitten by a Shark While You're Swimming at the Beach", Insider.com, 21 de julho de 2018, https://www.insider.com/shark-attacks-what-are-odds-of-getting-bitten-2018-7.
5. Patricia Mazzei, "Opioids, Car Crashes and Falling: The Odds of Dying in the U.S.", *New York Times*, 14 de janeiro de 2019, https://www.nytimes.com/2019/01/14/us/opioids-car-crash-guns.html.
6. David Stubbings, "68-ft Wave Surfed by Maya Gabeira Confirmed as Largest Ridden by a Woman as She Receives Two Awards", 1º de outubro de 2018, *Guinness World Records*, https://www.guinnessworldrecords.com/news/2018/10/68-ft-wave-surfed-by-maya-gabeira-confirmed-as-largest-ridden-by-a-woman-as-she-r-542488.
7. Lou Boyd, "Maya Gabeira: I Just Thought, 'This Is It, I'm Going to Die'", *The Red Bulletin*, 31 de janeiro de 2019, https://www.redbull.com/gb-en/theredbulletin/Maya-Gabeira-interview-surfing.
8. Lou Boyd, "Maya Gabeira: I Just Thought, 'This Is It, I'm Going to Die'".

Conclusão

1. Jennifer Warner, "Are Risk Takers Happier?" WebMD, 19 de setembro de 2005, https://www.webmd.com/balance/news/20050919/are-risk-takers-happier.

ÍNDICE

A
Albert Einstein, 66
apostar em si mesmo, 119
auto
  confiança, 183
  conhecimento, 183
  consciência, 183
  dependência, 183
  desenvolvimento, 183
  direção, 183
  realização, 183
autoconsciência, 42
autoconscientes, 42

B
burnout, 145, 155
busca dedicada, 76

C
caçadores de talentos, 34
caleidoscópio, 67
  abordagem do caleidoscópio, 128
  estratégia do caleidoscópio, 68

clareza, 69
colete salva-vidas, 127
  critério, 128
  finanças, 128
  Oportunidades com Poucos Recursos, 129
  Oportunidades Desperdiçadas, 129
  Oportunidades Limitadas, 129
  talentos, 128
confiança, 100
conquista de objetivos, 167
Corpo de Fuzileiros Navais dos EUA, xiii
credibilidade, 91
criar intenção, 33
  posse responsável, 79
  viés de ação, 79
critério
  critério ir-não-ir, 137
  decisões sensatas, 137
  habilidade para discernir, 137

D

decisões informadas, 90
descanso para o risco, 154–155
desenvolvimento iterativo, 168
desenvolvimento profissional, 137

E

emoções positivas, 146
empatia, 102
encarar o risco, 181
estratégia do caleidoscópio, 68, 81
experiências desconfortáveis, 80

F

finanças pessoais, 130
   despesas anuais, 132
   orçamento mensal, 132
   reserva de emergência, 133
Fórum Econômico Mundial, xvii
fracasso, 24, 163
   falta de sucesso, 163
   fracasso raro, 180

H

habilidades, 42
   de mercado, 122
   para correr riscos, 129
hot yoga, 106–107

I

insegurança, 46
intenções de mudança, 116
Ítaca, 182

J

janela de oportunidade, 75
jornada de riscos, 84

L

liderança, xii
   desenvolvimento de liderança, xii
   habilidades de liderança, xii
livre-arbítrio, xii

M

medo, 46, 163, 179
   Conheça seus medos, 161
   da imperfeição, 167
medo da perda, 49
mentalidade de prevenção, 49
mentalidade do não se arriscar, xii
mentoria, 95

N

negatividade, 101

ÍNDICE

O
oportunidades de vitória, 154
orbitar a experiência, 123

P
Paradoxo do Não se Arriscar, 30
pensamentos de perda, 47
perguntas úteis, 92
planejamento
  de operações, 169
  financeiro, 146
  reverso, 116
ponto de escolha, 120
potenciação, 169
preocupação, 46
psicologia positiva, 39

R
rede de apoio, xv
reserva de emergência, 133
resiliência, 170
risco, 23, 24
  disposição ao, 42

S
Seleção de Gurus, 98
  campeão, 97
  mentores, 97
  Não Escolhidos, 100
  Veteranos, 97
sonhar melhor, 72

T
talento, 136
  habilidade à prova de balas, 137
  mentalidade, 137
  mercadabilidade, 137
Timing, 46

U
Ulisses, 182

V
visão de longo prazo, 176
visualização, 162

Z
zona de conforto, 107
zona de experiência, 86

Este livro foi impresso nas oficinas gráficas da Editora Vozes Ltda.,
Rua Frei Luís, 100 – Petrópolis, RJ.